Ⓢ新潮新書

山本武利
YAMAMOTO Taketoshi

検閲官

発見されたGHQ名簿

894

新潮社

検閲官——発見されたＧＨＱ名簿　目次

Ⅰ　秘密機関ＣＣＤの謎　7

Ⅰ　秘密機関ＣＣＤの謎

１　日本人検閲官の規模と活躍範囲

敗戦後の日本を支配した占領軍【ＧＨＱ（General Headquarters）連合国軍総司令部／ＳＣＡＰ（Supreme Commander for the Allied Powers）連合国軍最高司令官】の、インテリジェンス（諜報）や検閲を扱う総本部は、マッカーサー将軍の忠臣チャールズ・ウィロビー率いるＧ－２（参謀第2部）であった。

Ｇ－２の下には、民事を扱うＣＩＳ（民間諜報部）と、軍事・刑事を扱うＣＩＣ（対敵諜報部）が置かれていた。

このＣＩＳに属していたのが、ＣＣＤ【(Civil Censorship Detachment）民間検閲局】である。郵便、電信、電話の検閲を行う通信部門（Communications）と、新聞、出版、映画、演劇、放送等の検閲を担当するＰＰＢ部門（Press, Pictorial & Broadcasting）があった。
CCDの職員は、当初は1000人にも達しなかったが、その後は急増し、1947年のピーク時には8700人にもなった。他のGHQの部局よりも人員が抜きんでて多かったのは、マス・メディアやパーソナル・メディアなど、幅広い検閲や統治を直接担うようになったからである。全国紙やNHKなど巨大メディアに対しては、すべての内容を発表前に丹念に審査する事前検閲を実施していた。このような検閲は同じアメリカが支配する西ドイツや韓国では実施されなかった。

通信部門の中核であった郵便検閲は、マッカーサーに手紙、はがきの内容分析を定期的に提出し、彼の情報統制、日本人操縦と日本統治を可能にしたが、多数の日本人検閲官を採用せねばならなかった。ただし、その給与は賠償金代わりに日本政府に負担させていた。

このCCDの存在は、当時も日本人にほとんど知られていなかった。

江藤淳は、占領期日本のメディア資料を使って『閉された言語空間——占領軍の検閲と戦後日本』を1989年に出したが、同書で優に1万人以上の日本人が検閲官として働いていたにもかかわらず、誰一人として経歴にCCD勤務を記載していないと嘆いている。

筆者の友人の占領期研究者・福島鋳郎も、何回も新聞や週刊誌で検閲経験者へインタビューを呼びかけたが、一切反応がなかったという。

筆者は、2010年頃から元検閲官に呼び掛けたところ、若干の証言を得た。また、体験者が手記を公にしていることを、自費出版書や同窓会誌などから発見した。江藤の研究時代には沈黙していた人々がほとんどであったのかもしれないが、2000年頃からは「自分史」ブームもあって、自らの検閲官としての体験を語る人が増えてきたのだ。

さらに筆者は、日本人検閲官を監督していた複数の日系2世検閲官から直接、または間接的に当時の日本人検閲官に関する証言を得た。

発見された検閲官名簿

こうした検閲官探しを行っていく過程で、筆者は2013年、国立国会図書館のCCD資料からCCD第I区（東京）の検閲官の名簿を発見した。

1948年、49年度、各3時期の総計6時期、検閲官総計約1万4000人の第I区の日本人検閲官の完全なリストが存在していたのだ（表1参照）（出所 List of Japanese

表1　日本人検閲官　　CCD 第Ⅰ区

年月	人数
1948年6月	2,045
1948年9月	2,172
1948年12月	2,220
1949年3月	2,592
1949年6月	2,466
1949年9月	2,451
計	13,946

Personnel employed as of Mar 1949, 国立国会図書館憲政資料室所蔵番号 CIS-7273 など)。

計1万3946人は、各時期の検閲官数すべてを合わせた、のべ人数である。複数の時期に登場している人もいて、そうした重複した検閲官を厳密に1人として数えると、実数は計6794人になる。1945年10月から1947年末までの各年度の全国総数は判明しているが、検閲官名簿は見つかっていないので、実数を把握することは難しい。現時点では、1945年から49年の検閲官の全国総数は、2万人台と推定している。すなわち江藤の言う2倍の検閲官がいたと考えている。

1948年11月の別のGHQ資料では、全国のCCDの日本人雇用者数は5000人であったので、表1の48年12月の第Ⅰ区（東京）の2220人は、CCD

表２　検閲官の部門別人数と比率　1948年

	1948年６月	1948年９月
DPS（郵便部門）	1526（75%）	1625（75%）
TEL（電信・電話部門）	96（4.5%）	87（４%）
TOS（専門工作部門）	10（0.5%）	10（0.5%）
PPB(プレス・映画・放送部門)	273（13%）	294（13.5%）
CCD 本部	140（７%）	156（７%）
計	2045	2172

全体の44・４％を占めている。同じく49年３月では、全国のＣＣＤにおける日本人雇用者数は５５７０人であるのに対し、表１の同時期の第Ｉ区における日本人雇用者数の２５９２人は46・５％に相当する。ＣＣＤの日本人雇用者数については、大体の時期において、第Ｉ区がおよそ全国の半分近くの比率を占めていたと推測される。

また、名簿にはこれら検閲官の、給与、雇用期間、職務なども明記されている。

全ての検閲官名簿は筆者の運営するインテリジェンス研究所（www.npointelligence.com）のデータベースに収録されており、ＣＣＤの活動の実態が、より客観性を持って確認できるようになった。ただしこの発見資料の難点は、氏名が漢字ではなくすべてローマ字で記載されていることである。したがって検閲官の漢字名の確定は至難である。

1948年6、9月のリストでは部門（セクション）、職種、給与、採用時期の記載がある。この期間におけるセクション別比率は、ほぼ変化がない。また、郵便部門が全体の4分の3を占めていることが分かる（表2参照）。郵便部門の組織と職名は実に多様で、日本人が各職場に振り分けられていたことも分かる。

CCDの総本部は東京にあったが、その時期によって、地区割りが若干変化する。1948年、49年には東京を中心とする東日本地区は第Ⅰ区と呼ばれ、東京に本部、仙台に第Ⅰ区a、札幌に第Ⅰ区bという支部が置かれた。

大阪を中心とする関西地区は第Ⅱ区と呼ばれ、大阪に本部、名古屋に第Ⅱ区a、松山に第Ⅱ区bという支部が置かれた。

福岡を中心とする九州、中国地区は第Ⅲ区と呼ばれ、福岡に本部、広島に第Ⅲ区aという支部が置かれていた。

2　重視された郵便検閲

通信の検閲は占領直後からであった。45年9月から49年10月まで、つまりCCDの活動期での郵便、電報、電話の検閲量は、郵便は2億通、電報は1億3600万通開封され、電話は80万回も盗聴されていた。

　1947年のピーク時には、CCDで働く日本人は8100人であったから、その大半の6000人以上が通信検閲の第一線に立っていた。1949年8月には郵便検閲に3607人、電信・電話は322人が配属されていて、郵便だけでCCDの総人員6161人の64％を占めていた。

　49年5月の資料によると、郵便検閲では国内郵便物の2％の350万通を4000人の日本人の検閲者と60人のアメリカ人監督者で調べていた。電報は国内電報の15％の500万通を100人の日本人の検閲者と12人のアメリカ人監督官で、また電話は東京、大阪、福岡では全電話の0・1％、その他の地方では全電話の1％の1000分の1の量を63人の日本人、アメリカ人以外の外国籍所有者（F／N　Foreign National）の検閲官、そして12人のアメリカ人の軍人、民間人の監督官が70台の盗聴機を使って調べていた。

　その通信検閲の報告書も実に膨大である。これらから得られた注目すべき情報は、それぞれの件ごとにコメント・シート（現場責任者が上部や本部に出した、問題の所在やその処理を示す一枚の簡単なタイプのリポート）がつくられ、東京のCCD本部に送られていることである。そのコメント・シートだけでも、45万通に達している。そして電話盗聴から得られたコメント・シートの比率は、全体の6％ときわめて高く、一番低い電報の場合の100倍であった。このように電話盗聴からきわめて効率良くインテリジェンスが入手できたが、絶対量では郵便がダントツで、電報も量的には及ばなかった。

大量の人員を動員して、郵便などの個人的メディアを5年近く検閲していたこと自体が驚きである。とくに機密度の高い電話や電信の検閲の証拠はほとんど抹消された。そこで働いていた日本人で自らの体験を語る者もきわめてまれである。

3　郵便検閲の仕組み

ここで複雑な郵便検閲の仕組みを整理しておきたい（山本武利『GHQの検閲・諜報・宣伝工作』2013年を参照）。

CCDはほぼ全期を通じ、東日本・北海道を第Ⅰ区（本部東京・支部札幌・仙台）、関西・四国を第Ⅱ区（本部大阪・支部名古屋・松山）、中国・九州を第Ⅲ区（本部福岡・支部広島・熊本・46年5月まで韓国）としていた。

指定された種類・量の郵便物が、全国の郵便局から近くのCCD本部、ないし支部に毎日収集され、計量の後、アルファベット順に同じ向きに並べられ大ざっぱに仕分けられた。

CCDではインテリジェンスでいうブラックリストに相当するものを、ウォッチ・リストと呼んでいた。関係機関からのリスト提出によって、あらかじめ作成されていたウォッチ・リストは検索されやすいようにパネル化されていた。予備照合者がそのウォッチ・リストのパネルを見ながら照合（フラッシング）を行った。

予備照合者は差出人、受取人の名前、住所や関係ある記号などが載ったリストと、配布された手紙の束（全体の2％）とを照合し、〝あたり〟と呼ばれる、なんらかの類似性のあるものを開封した。リストにないものの多くは、〝検査済み〟や〝Released By Censorship〟といった検閲免除付きの印が押され、一般郵便物として戻され、宛先に配達された。その内容が〝あたり〟と見なされなくても、なんらかの疑問があると見なされた手紙はマスターウォッチ・リスト係に渡された。

予備照合者は日本人か外国籍所有者（主として戦時中日本にいて、日本に帰化した日系2世）であるが、機密性を守るためにマスターウォッチ・リスト係はアメリカ軍の白人将校や嘱託軍属が担った。その際、少数の日本人も加わったが、彼らは注意深く選別されており、当然ながら将校に信用された者だった。最重要とみなされた郵便物はこの段階で、専門工作部へ検査のために直接渡された。

以下は、検閲に従事した渡辺槙夫氏が、当時の話をまとめたものからの引用である。通常の検閲でも、怪しい情報を掲載した郵便物の差出人や受取人をリストに加えていたことが分かる。


（引用者註：同僚検閲官の横山の手紙の文面を、他の検閲官が見つけた際の話）

「女子大生の横山さんの伯母さんの一家がアメリカに住んでいて、終戦後、文通が出来るようになったとき、その一家宛に彼女が手紙を書いたそうです。戦後の日本の生活の辛さ、物がないこと、国が頼りにならないことなどを縷々ならべた挙げ句に、いっそ共産党に入りたいくらいだと書いたそうです。すると、その手紙がＤＰＳ（郵便部）で検閲員の目にとまりました。その人は彼女を知っていたので、こっそり持ってきて『これはまずいぞ』と彼女に返してくれました。検査の場に持ち込まれた郵便物の数はハッキリ管理されていますから、勝手に処分することは出来ません。横山さんは、そのセクションのＰＣＣ（郵便検閲連絡員）に了解を求め、家に持ちかえって書きなおしたといいます。この手紙の場合、通常なら、検閲員とすれば総てが検閲項目

大阪CCDの個人郵便の検閲場（中央スタンドの数字は班番号）

に該当すると判断するでしょう。特に『共産党に入りたいくらいだ』は、連合軍が共産主義に対して過敏なまでに警戒をし始めていた事情と、一面では占領政策批判とも受け取れる内容なので、翻訳の仕方によっては、この手紙の筆者はブラックリスト候補には当然なります。横山さんの場合は、同じ職場の人が検閲して、しかも教えてくれたから問題にならずに済みました」（渡辺槙夫『私はGHQの郵便検閲に従事した』より要約〈以下同〉、以下「渡辺証言」）

マスターウォッチ・リスト係は、検査部という下部の部門を持っていた。そこでは専門工作部にはいかなくとも、その宛名などからインテリジェンス性があり、精査する必要があると見なされた郵便物が、ビジネス班、個人班、特殊郵便班に仕分けされた。特殊郵便班は政治家、役人、捕虜（抑留者）、戦犯などの郵便を扱った。大部屋の検査場で働く検閲官は多くが日本人で、検閲要項を参照しながら、該当するものかどうかを判断した（前頁の写真参照）。

その際、検閲官のスタンプが押された。現場の検閲官の判断に関係なく、開封されたものは全て再び検閲係に回され、そこで内容の問題の程度が判断され、検閲官の能力、態度が判定された。検査能力は随時査定され、有能と判断された者は昇給した。

能力が低かった者には、各地区CCDの所有する学校や事務所で、英語や判定能力の教育が行われた。また破壊的な意図を持っていたり、故意に問題郵便を見逃したりする者は、発見次第解雇された。検閲現場で判別のつかないものは、問題箇所を英訳して、所属班の責任者（多くが日系2世）に渡した。インテリジェンス性が高いと判断された郵便物はここでワークシートが作成され、専門工作部や情報記録部に回された。一方、問題がないと判断された郵便物はビニールテープで封がなされ、郵便局へ返される。なお検査場は大部屋で、そこで働く検閲官の大部分は日本人であった。

1948年頃からGHQ内外から予算削減が強く叫ばれ出した。日本政府の財政破綻がアメリカにとっても脅威となったからである。

メディア部門では、事前検閲から事後検閲へ移行したように、人員の規模縮小がなされた。GHQに従順な日本人でも、検閲による郵便の遅れには強い不満があり、CCD当局は郵政省幹部と協議している。永井荷風などは、郵便物の遅配の理由が郵便検閲にあることに気付いていた。開封する郵便物に郵便検閲への批判が出ることも珍しくなかった。GHQから経費削減を急かされるCCDでも、郵便検閲、とくに最初の予備照合者が行うアルファベット付けの仕分け作業に必要とされる多数の人員を合理化する努力がなされた。1948年1月から、全国的にアルファベット仕分けが廃止され、経費、時間が大幅に節約されるようになった。

それでも49年11月のCCD活動全面中止まで、郵便検閲体制の基本は堅持された。

郵便検閲は憲法違反であるとの批判がGHQの内外からあった。郵便検閲は秘密とされていたが、開封された手紙はほぼ例外なく、ビニールテープで封印されて配達された。そこには検閲免除付きのCCDの印が押されていたし、ビニールテープも当時の日本の市場には出回っていなかった。

他のメディア検閲については秘匿するのに躍起となっていたGHQが、かなり大規模な開封郵便物をこのような目立つ形で配達していたのだ。

郵便検閲の存在は当初から日本当局へ伝達されていたし、日本側ではＣＣＤの所在する地域の中央郵便局に、検閲物提出等を円滑に行うための検閲事務連絡官を配置し、駐在させるようになった。

郵便検閲による世論調査

問題郵便は、それぞれのケースでコメント・シートやインフォメーション・スリップ（ＣＣＤ機関内部のみに配布される、個別の摘発情報の簡単な手書きメモ）がつくられた。問題とならなかった多くの場合でも、量的な統計を入れた様々な郵便関係のリポートが各部局で作成され、上部やその種の情報に関心のある関係機関に定期的に配布されていた。

とくに重要なものに一種の世論調査があった。それは郵便から定期的に集計した一枚もので、世論集計表（Public Opinion Tally）と呼ばれた。

世論集計表は１９４６年9月から、９地区それぞれに毎日５００通の郵便が東京の本部に送られ、分類されて作成された。その規模も46年11月20日からは１５００通と3倍になっている。したがって世論集計表は、46年12月には40万を超える膨大な手紙のサンプリング調査となった。

世論集計表はイッシュー毎に日本人のホンネを客観的に示す簡便な表として、マッカーサーなど多忙な高級幹部の意思決定に重宝がられたようだ。しかし分類が大まかすぎる上、固定的であったため、状況の変化や世論の深層を正確に反映しなくなった。そこでコメント・シートやインフォメーション・スリップが量産され、多方面に配布されるようになった。とくにミクロなイッシューを扱うインフォメーション・スリップがマクロな集計表を補完するものとして幹部に歓迎されたので、1948年初めから急増した。

先に出た検閲要項はSubject Matter Guideの日本語訳である。検閲便覧との訳もある。これは当時のアメリカ陸軍が日本に限らず、各地の占領地で民事検閲の際に作成し、活用していた独自のマニュアルである。

郵便検閲に代表される通信部門の従事者、とくに末端の検閲官は、検閲要項を駆使して、効率よく検閲対象物から必要な情報を見出したり、判断した。そのためCCDはほぼ定期的にその内容を改定するばかりでなく、1946年10月には東京、大阪地区用に各1800部、福岡地区用に800部といったように大量印刷していた。また各地区の状況に対応した地方版も随時発行されていたが、それらは厳重に管理され、検閲官ですら業務中の接触しか許されなかった。

4　東京中央郵便局の検閲配置──陽動作戦の現場

次の資料は、CCD東京本部が置かれた東京中央郵便局内がどのように使われていたかを示している。

1、5階建ての1、3、4、5階の部分的占拠
1階　ロビー
3、4階　I区郵便部
5階　PPBの出版部門
2、面積　7万2740平方フィート（引用者註：約6758平方メートル）
3、その他の部分は逓信局が占拠

1階（引用者註：一般が出入りできるのはこの階である。検閲官は出入りの際、身分証を守衛にチェックされた）

1、人員募集、配置部門
2、I区郵便部受付、PPB受付、保安員、ジープ運転手の休憩室
3階
1、I区郵便部検閲主任室、I区郵便部配分センター写真、評価・強化班
2、地区郵便検閲局長事務室
3、巣鴨刑務所メール
（引用者註：巣鴨収容戦犯関係の郵便物はいったんこの部屋でそのインテリジェンス性が点検され、受刑者や家族などに配布された。東京裁判最盛期には巣鴨にCCD出張所が設置されていたようである）
4、書留メール
5、政治・官庁メールの特別検閲（引用者註：日本政府への監視）
6、ウォッチ・リスト班（引用者註：何段階もの情報集中、25室〔大部屋〕との関連が深い）
7、情報記録部タイプ室（引用者註：秘密インテリジェンスの集約）
8、同

9、情報記録部コピー室
10、I区郵便部の通信部長室
11、I区郵便部の情報記録部事務所
12、準備室
13、トイレ
14、情報記録部ファイル室
15、営繕室
16、トイレ
17、情報記録部の没収メール室
18、変圧室
19、日本人職員用浴室
20、ロッカールーム
21、職員更衣室
22、再検査分室
23、トイレ

24、トイレ
25、個人メール、外国メールの大部屋（引用者註：外国語の郵便の対象も多彩）、第1次フラッシュ準備室、名前分類・配分室

（引用者註：東京中央郵便局の扱う外国語）
中国語、フランス語、ドイツ語、ヒンドゥースタニー語、イタリア語、朝鮮語、キャナリーズ語、マレー語、ポルトガル語、ロシア語、スペイン語、タイ語、タガログ語、トルコ語

（引用者註：大阪中央郵便局の扱う外国語）
トルコ語、フランス語、中国語、ドイツ語、スペイン語、エスペラント語、ポルトガル語、ロシア語、ポーランド語、マレー語、アラビア語、イタリア語、オランダ語、スイス語、蒙古語

（引用者註：最大面積7万平方フィートのフロアに約50班の個人郵便に特化した大部屋と、特殊目的の閉鎖的、多面的な小部屋が併設。配置は大阪中央郵便局も基本的に同じ）

4階

1、ビジネスメール検閲室の大部屋（引用者註：大部屋でビジネス郵便、特殊郵便が検閲された。男性職場の雰囲気）

2、日本人給与支払室、個人記録

3、I区郵便部職員事務室

4、I区専門工作部の検閲・実験室（引用者註：秘密空間）

5、I区専門工作部の暗室

6、I区専門工作部の貯蔵室

7、トイレ

8、I区郵便部の供給、ビル管理室

5階（引用者註：他の階と異なり、PPBが併設されていた。図書室には検閲に役立つ書籍が分類、陳列されていたと思われる）

1、書籍検閲部、書籍センター室

東京中央郵便局　１、３階　平面図（図１）

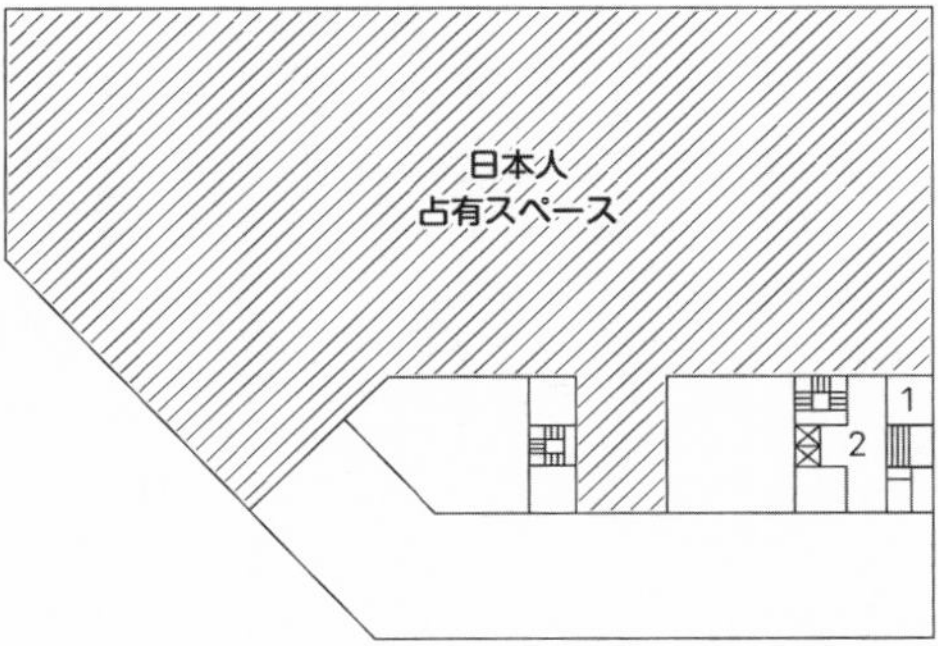

１階間取

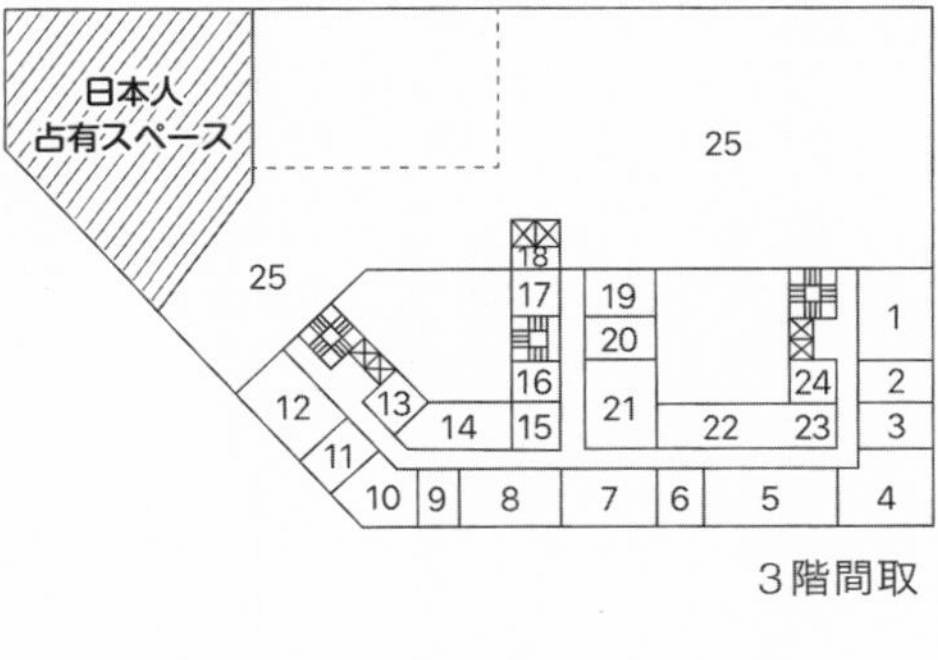

３階間取

出典：CCD,District Station Ⅰ,CIS-5344~5

2、情報記録部と受付班
3、ファイル班
4、図書室
5、翻訳室
6、出版検閲班
7、雑誌班と情報班
8、トイレ

（CCD, Foreign Language Communications 1945/12/3 CIS-5341）

東京よりも大阪局の扱う言語の数が多かったのは、大阪・関西地区には外国商人が多種だったからであろう。

また医薬業の盛んな大阪局では、医学衛生関係の監督官以下13人の専門班があった。薬剤師・新井真澄は、終戦後の家庭の事情で、当時最も収入がよいとされた仕事をCCDに求めた。同局の唯一の薬剤師として、彼には医薬学方面の研究開発、伝染病、麻薬の翻訳が依頼され、他の文科系出身の検閲官をリードする役目を与えられ、1年で監督

東京中央郵便局（当時）

官に昇進し、最高50％の語学手当を付与されたという（「私の語学散歩」『薬局』Vol.27, No.6, 1976）。

東京中央郵便局は、東京駅丸の内南口の目の前にある。いわば東京の玄関口で検閲という一大プロジェクトが実行されていたことになる。全館を見るとき、検閲対象ごとに細かく職場が分かれていることがよくわかる。巣鴨プリズンにいる戦犯の嫌疑がかけられた者、政治家、官僚は3階で、企業関連は4階、書籍・雑誌等出版物は5階で、各検閲官たちが目を通していた。実にシステマチックに検閲は実行されていたのである。また、これほど広大な面積を占有している所は、全国のCCDでは他になかった。そのためか閉鎖時には、この建物が検閲書籍の仮置き場の一部として利用された。
この東京中央郵便局は再開発のために解体されたが、歴史的建造物を遺そうという声もあり、今もビルの低層部は当時の趣を残している。ただし、ここで検閲が行われていたことを知る者は少ない。

ある検閲官の回想・占領期の東京中央郵便局の内部の雰囲気

現在は改修されたこの中央郵便局の当時の様子を、検閲官だった仲嶋正一は手記の中で、このように描いている。

「当時、私は東京駅前の中央郵便局で進駐軍総司令部民事検閲部（CCD）の翻訳として働いていました。一階は、全逓信労働組合の本部で、日本全国の官公庁労働組合の本部で、日本全国の官公庁労働組合に檄を飛ばして、今まさに史上初のゼネスト突入をめざして、共産党の赤旗が揺らいでいました。ところがその同じ階段を四階（引用者註：3階）まで上がると、雰囲気は正反対の別世界となり、進駐軍総司令部民事検閲部があったのです。此処は自由で楽しい職場であって、昼は階段にコーラスが響き、屋上でダンスの練習が盛んでした。私は、東京大学入学後すぐ休学してこの部局で翻訳として働いていました」（仲嶋正一・啓子『み神を慕いて』2002年）

しかし、検閲官といえど、仲嶋には3階と4階の大部屋の雰囲気の違いは分からなかった。それを証言できるのは、先の渡辺槙夫である。渡辺はビジネス情報班に配置され、3階と4階の両方を行き来した貴重な証言者だ。

「三階と四階では雰囲気がちがっていました。三階は女性が多く華やかに見えました。階を同じくする男性たちは、笑顔をみせる機会も多くて華やかに見えました。然し、四階は男ばかりで、しかも平均年齢が高く、さらにビジネスのセクションとして、取り扱う問題が地味だったので、楽しい話題も生まれなかったでしょうが、なにか沈鬱な空気がありました。なによりも、敗戦国の男子が、国民と占領軍の間に身を投じて、当座の暮らしをたてようとした立場への自己批判が、そのような空気を生み出していたと思います。そして自己の今の仕事を秘匿しようという空気が、三階の職場より強かったのだと思います」（「渡辺証言」）

4階には専門工作部の検閲・実験室、暗室、貯蔵室も設置されていたが、CCDの幹部でしか知りえない重要人物の追及の実態や仕組みは、渡辺でも知る由もなかった。

なぜマッカーサーは内外で評判の悪い郵便検閲を堅持したのか

ところで、このような検閲は本来許されるものではない。当の戦勝国であるアメリカでもそのような考えを持つ人は存在した。実際にマッカーサーの耳には、GHQが検閲を行っていることへの批判が届いていた。

たとえばアメリカの自由人権協会理事長、ロジャー・ボールドウィンは47年5月に来日した際、マッカーサーに対し、「占領中であっても一般国民の信書を検閲することは最も好ましからざることである。しかも、この好ましからざる仕事のために日本では数千人の人を使用しているのはますます好ましからざることである」と率直に言い放った。

東京駐在のアメリカ特派員は、送信記事へのCCDの介入や検閲に腹を立てて、たびたびマッカーサーに怒鳴り込んでいた。それを防御し、彼を弁護することはウィロビーの最大のつとめであった。

しかしアメリカは、実は日本だけではなく、西ドイツの占領地の統治でも同様な検閲を行っていた。ドイツで実行された検閲の証拠として、下部がハサミで切断された郵書の現物写真を、『信濃毎日新聞』（１９９６年7月21日）が掲載している。

占領国どころか、アメリカは戦中から、本国でも通信検閲を大規模に展開していた。その本国の経験や手法を、かなりの部分で日本でもドイツでも郵便検閲に取り入れていたのである。

アメリカのドイツ・オーストリア占領軍は、メディア検閲こそ行わなかったが、通信検閲は行っていた。３カ月前にドイツ・オーストリアで実施した手法を、日本でも取り入れたと、ＣＣＤのプトナム大佐がウィロビーに出したリポートで書いている。

これによればドイツ・オーストリア工作では総員８３２８人なのに対し、日本・韓国では６１６３人である。戦時中、アメリカでは1万２０００人も使ったとある。ここでも韓国ではメディア工作をしていないことが記されている（CIS, Col Putnam, Civil Censorship Operations in Europe Compared With This Theater, 30 April 47, CIS-2589）。

ＣＣＤも、それを指導するアメリカ陸軍も、日本での郵便検閲の不評を気にしなかったようである。「検閲は、これをしてはならない。通信の秘密は、これを侵してはならない」は日本国憲法21条の条文である。彼らにはマッカーサー草案に基づくこの条文との矛盾も視野に入らなかったようで、そこには先行した工作成功への自信があったようだ。占領軍にとって、その目的達成において検閲は不可欠という理念に疑問の入る余地はなかった。不評を我慢しても、得る利益が大きいとの打算があったのだろう。もっとも、検閲をしていることはいわば公然の秘密であったが、公式に認めていたわけではない。

陽動作戦で惑わせた通信検閲の偽装解明

ところで、検閲行為の存在は、公的には一貫して認めていないにもかかわらず、なぜ検閲を免除した郵便物に、それと分かる「検閲済」の消印をつけて返送したのか。

「検閲は目的があって実施されたことはいうまでもない。しかし本来その事実をなるべく知られたくないようにと配慮した占領軍が、なぜ検閲機関の作業を明らかにするこのような検閲印を押したのか、未だに疑問である」

（裏田稔『占領軍の郵便検閲と郵趣』１９８２年）

この疑問は裏田の指摘から40年後の現在に至るまで、誰も解明できていなかった。一見、無駄に思えるこの「検閲済」との印を押す作業は１９４９年まで続いていたと見られる。１９４９年9月13日の第Ⅲ地区ＣＣＤ（民間検閲局）長から、検閲事務連絡者経由、熊本・広島・松山郵政局長への通達で初めて、

「非開封のまゝ返戻する郵便物に検閲済（Released by Censorship）印を押捺することは、永久にこれを廃止する。当局は右について、本年十月三日又は、それ以前に実施しうる予定である」

と決定がなされた。

開封しない郵便物へのＣＣＤの検印押捺はようやく廃止となったが、それはＣＣＤ閉鎖の１カ月前であった。しかし、

「開披検閲のものは、従来通りの寸法で封緘の上返戻されます」

とある（郵政省所蔵資料）。つまり開封検閲のシステムは継続していたわけである。

他のメディア検閲ではその秘密行為の存在を隠すのに躍起となっていたＧＨＱが、検閲免除付きのＣＣＤの印を押したり、切除部分を当時日本では見られなかったビニールテープで補修したりするという目立つ行為をしたのは、占領支配者としての当然の行為

とみていたのかもしれない。また、それを公然と行うことが良心的な行為と自任していたのだろうか。

専門工作部でのウォッチ・リスト処理工作

中央郵便局4階では専門工作部による検閲や実験が行われていたことはすでに述べたが、具体的にはどのようなことが行われていたのか——。これについては、CCD月報（1947年11月）で専門工作部の活動が説明されている（CCD Monthly Report, November 1947, CIS-5348）。

①工房テスト　●秘密インキによる隠字浮き彫り●超紫外線による封筒透かし見●蒸気開封●写真再生

②インテリジェンス工作　●情報記録部リストの増補●暗号解読（引用者註：実行していない、開店休業）●検閲回避摘発●スパイ摘発

検閲をしてまで炙り出したい対象を、検閲を前提としつつ、様々なカモフラージュで油断させ、おびき寄せる。それを遂行するための工房実験や、情報分析などのインテリジェンス工作を行っていたことがよくわかる。さながらスパイ映画を連想させる項目が並んでいるが、こうした彼らの〝努力〟は奏功したようだ。

通常の検閲では、秘密摘発は3～10％の効率しかなかった。ところが専門工作部門では90％の成果をあげているからだ。後に証言を紹介する水野キヨシや川口コウジロウが、ウォッチ・リストに出た者は逃げきれないというのは、専門工作部門を中心とした工作がCCDの位置を高めていたからであろうことを容易に想起させる。

CCD工作全体では、TOS（専門工作部）は情報記録部門と一般検閲と有機的に結びついていた。

東京・大阪中央郵便局の機密室での闇度、暗黒度、軍事度、収斂度の順位は、

専門工作部　↓　情報記録部　↓　ウォッチ・リスト部　↓　再検査部

となっていた。大阪でも専門工作部3室、IRS（Information and Records Section, 情報記録部）2室、ウォッチ・リストの2室が大きなスペースを占めていた。総括すれば、CCD通信部門や関連機関の追及のプロセスは、以下の8段階のようになっていた。

1、GHQ各所から寄せられたウォッチ・リストの疑惑者情報とその大まかな名簿
2、集めた郵便物の宛名の照合（フラッシング）
3、郵便物の開封の跡を残さず開封する
4、一般検閲者による郵便開封からの補完
5、情報記録部からの情報
6、専門工作部によるリストの精度アップ、仮想敵の侵入への警戒、日系2世までも監視
7、CIS、CICなどGHQ内部機関からの捜査
8、CIS隷下の日本警察、検察による捜査協力

これほど多重的な追及にあうため、ウォッチ・リストに載った人物は逃げきれなかっ

た。

ウォッチ・リストは、１９４７年７月には１４２０人に過ぎなかったが、１９４８年２月に１９１９人、そして１９４８年６月に２４４９人に増加している。その増加は主としてＥＳＳ（Economic and Scientific Section 経済科学局。財閥解体、労働改革、経済安定化計画、科学関係機関の再編等を担った）からのリクエストであったが、ＣＩＳからの調査依頼も多かった。

一般検閲官がウォッチ・リストに入る危険性については、先に紹介した横山（磯岡）陽子のようなケースがあるので皆無とは言えなかった。

ウォッチ・リストに載る大物は、当初は東京裁判の容疑者であったが、冷戦後は外国（ソ連、中共）スパイや、それにつながる国内スパイや手先（Informant）であった。彼らを捉える複合的な捜査網がＧＨＱ内部に構築され、日本の公安機関も動員されていた。こうしてＣＣＤの最先端部署である専門工作部の機構は拡大している（CCD, CCD Watch List Additions and Deletions as Requested by User Agencies, RG331 Box8538 Folder4）。

専門工作部の実験では、郵便物を蒸気開封する技術を磨いていたとされている。つまり、ウォッチ対象に未検閲だと思わせるための工夫である。

1946年4月の専門工作部の活動成果は、実験室でのテスト件数が1万3836件、一般検閲フロア（大部屋）の検閲件数が1万8999件、ウォッチ・リスト室での傍受件数が1729件、コメント・シートが48件であった（Activities of TOS 1947/4/25 CIS-3768）。

言うまでもなく、検閲の最大の目標は、ウォッチ・リスト収録の、大物の秘密インテリジェンスの摘発である。日系2世水野キヨシの証言（63頁）にあるような、手紙を蒸気で開封し、検閲されたことを分からないようにする作業を、専門工作部では一貫して行っていた。

つまり、開封後のビニールテープによる封緘は、ウォッチ・リストによる極秘検閲を隠すための陽動作戦に過ぎなかったのではないかと思われる。

検閲開始初期は、戦犯、右翼、後期は共産主義者に、わざと隙があるようにみせかけて、郵便、電報などの利用に安心感を与え、彼らの通信情報を、蒸気開封や秘密インキ通信、電話・電報モニターなどを駆使して解明した。

専門工作部を中心にした捜査班の効率を向上させるために、東京・大阪中央郵便局には、専用のスペースや人員が、全期間を通じ確保されていた。この秘密工作に携わった日本人勤務者には９０００円以上という最高給を与え、協力させる見返りに、機密保持の誓約を課したのではなかろうか。ＴＯＳ工作に従事した高度のインテリジェンス能力保持者（34人）は、いまだに誰もその体験を語っていない（山本武利『ＧＨＱの検閲・諜報・宣伝工作』）。

５　ＣＣＤの指示による郵便局の諸規則

こうした検閲に対して日本政府はどのような対応をしていたか。

ＣＣＤの検閲工作への全面協力が政府によってなされたことは、主にＣＣＤ福岡第Ⅲ区管下の日本側郵便局の内部資料によって以下のように判明している。

「45年9月某日に福岡に進軍してきた米軍の検閲担当官が、博多郵便局の宿直主事、林来生にピストルを突きつけ、郵便物を差出すよう命じ、検閲所に運ばした。之が検閲の始まりで、その後熊本逓信局福岡出張所を通して命令して来た。

その後、熊本との連絡に支障が多かったので、48年10月4日、郵政事務官・佐和栄一に郵便課長兼熊本郵政局連絡官を命じて、博多駐在として、ＣＣＤ命令を直接、連絡官が受け、関係普通局に措置するとともに、逓信局にも連絡した。

やがて、仕事が多くなったので、昭和二十四年から郵便局幹部篠崎正見を連絡官にして、検閲事務が終わるまでその仕事に従事させた」（郵政大臣官房秘書課広報室「野戦郵便局・通信情報取締等関係資料」昭和39年3月、692.1 YPP5z2、続逓信事業史資料拾遺第二集）

この間の関係通牒類は、おそらくCCD命令により、閉鎖時に日本側の本局、各局で一括焼却された。ところが篠崎正見は、自己の手控帳に写しを記録しておいたので、今もその内容を知ることができるのである。これは日本側の検閲に携わる者にどのような説明がされていたかを知るうえでも、非常に貴重な記録である。本書の理解に役立つことを以下にまとめておく。

(1)　検閲の目的

検閲は占領軍の耳目であって占領目的達成上重大な関心をもって検閲を行っておるものである。

(2)　検閲の法的根拠

検閲の法的根拠は昭和二十年九月二十日勅令第五四二号に基き閣令第四三号が発せられてこの閣令によって占領軍の行う検閲に協力することとなり、これに違反した場合は勅令第五四三号によって罰せられる。

(3)　検閲関係事務取扱上の心得

検閲に関しては廻送郵便物、廻送月日等は勿論その他検閲に関する事項について絶対秘密を厳守すること。

(4)　検閲提出郵便物

検閲郵便物は各指令によって異なるが、第一種（書状）第二種（葉書）の普通々常、普通速達、書留通常、書留速達の中から選定される。

①　提出指定日

指令による提出指定日とは、貴局提出の郵便物が検閲官に到着する日である。すなわち指定日の十四時三十分までに博多駅に到着すれば博多局はその郵袋をその日の最終連絡便にて検閲官へ送付することが出来るので、右考慮の上、自局の最終結束便を予め決定しておくこと、指定日の要提出郵便物は最終結束便

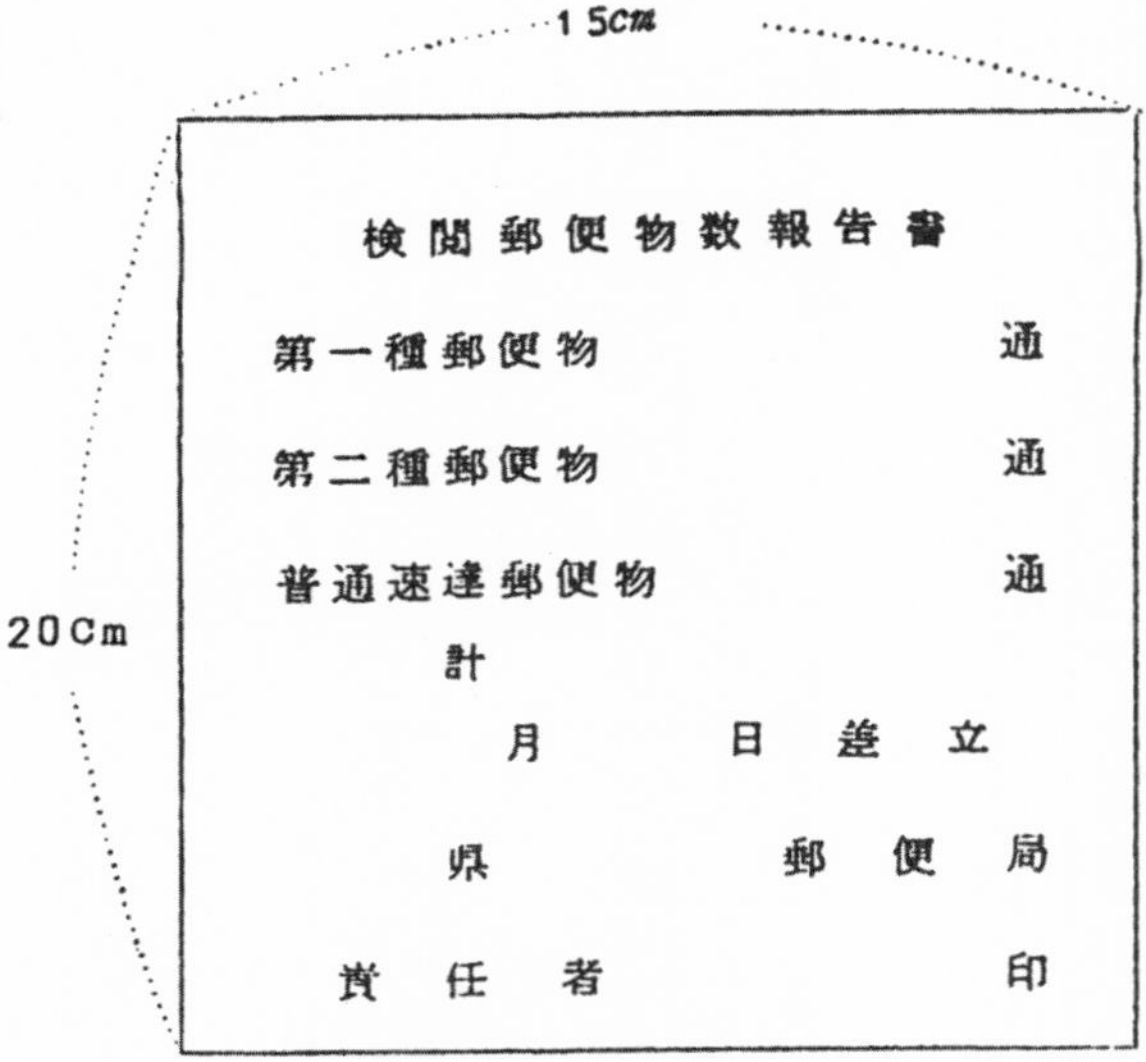

より逆算して二十四時間以内の取扱郵便物である。

②　提出物数報告

「検閲郵便物数報告書」を二通作成し、一通は自局に保管し、一通を封筒に納め、その表面に「検閲郵便物数報告書在中」と記載し、最終便〆切郵便袋内の送状入に納入すること、なおこの報告書は一日分の総通数を計上すること。

【上は書類様式】

記入法

イ　第一種第二種郵便物には普通々常のみ。
ロ　普通速達は第一種第二種の区別をなさず一括計上すること。
ハ　責任者不在の場合は代務者であることを冠記すること。
③　普通々常及び書留通常
イ　普通々常と普通速達とに区別し、更に書状と葉書に区別し、書状は一〇〇通毎に葉書は三〇〇通毎に堅束し、次の紙札を附し、差立日附、通数を記載すること。

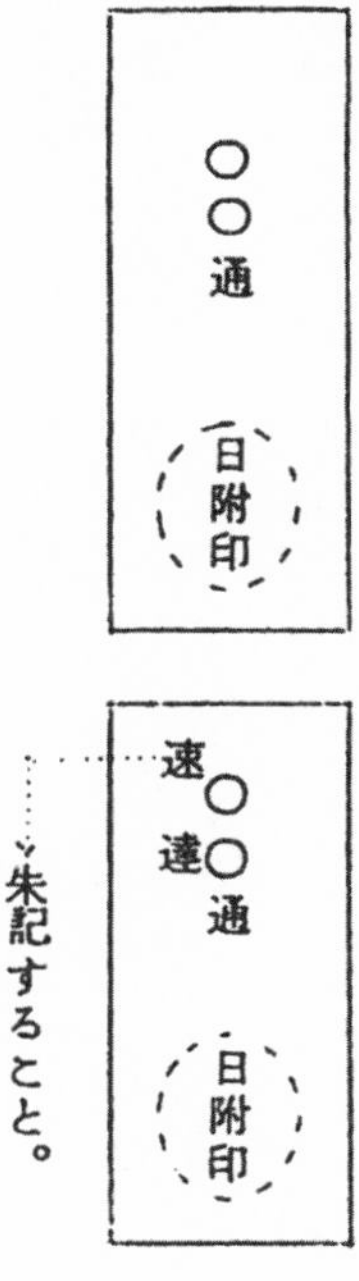

ロ　書留通常及び書留速達は両者を区別せず小郵袋に二十通を厳守し納入すること。

④　郵便送達証及び郵袋記票札

イ　郵便送達証は一般のものとは別冊のものを使用し、郵便取扱規程附録第六号乙を使うこと。

ロ　小郵袋在中送達証は一般の例により記載し、受取局名は博多とし小郵袋毎に正副二通作製するとともにその摘要欄に差立番号を記載すること。

ハ　引受局名番号は略記しないで鮮明に記載すること。

ニ　大郵袋在中送達証は小郵袋の有無に拘わらず必ず一通作成し、差立便名差立番号を記入しその摘要欄に左記を記入すること。

◎　差立局名　◎　差立月日　◎　差立時刻

差立番号は一ヶ月毎に更新し郵袋締切番号と一致させること。

「従って郵袋記票札、大郵袋在中送達証及び小郵袋在中送達証の三者は同一差立番号を記入することとなる」

ホ　郵袋記票札は次のとおり記載し、その裏面に必ず通信日附印を押捺すること。

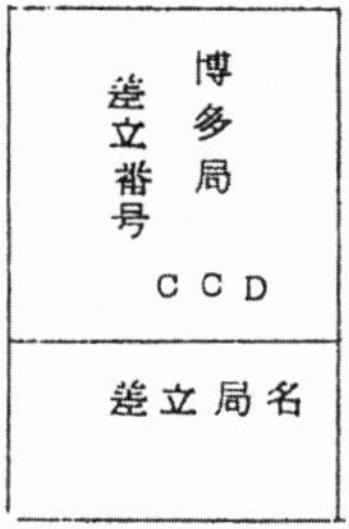

CCDは赤色ゴム印使用のこと

(5) 大郵袋及び小郵袋

イ　大郵袋及び小郵袋は出来る限り破損汚損したものは使用しないこと。

ロ　提出数量の多少に拘わらず大郵袋に締切り、普通々常、普通速達のみ納入の場合でも特殊扱とすること。

ハ　封緘は必ず封鉛を使用すること。

(6) 其の他の参考事項

1　検閲済郵便物に押捺する印章について

イ　検閲に提出した郵便物で検閲を免除されたものには、左の5種類の形式のものが押なつされる。

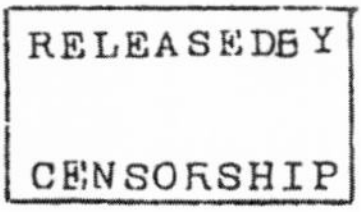

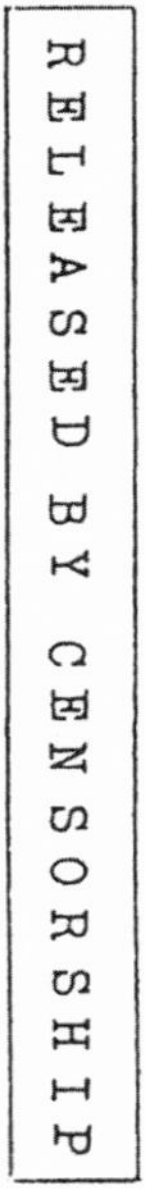

ロ　開披して検閲されたものには左の形式のものが押捺される。

C.C.D.J — 4494

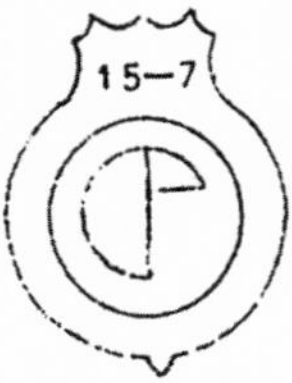

2　検閲済印のあるもの及び博多局から送付された郵便物は再度提出することのないよう注意すること。

3　切手消印洩れのないよう充分注意すること。

4　正式指令による以外の検閲について連合軍々人又は軍属等から検閲事務連絡官を通ずることなく郵便物を検閲する旨申込があった場合は、これに応ずることなく直ちに詳細当局に報告すること。

5　検閲局からの代表者臨局の際は、別室に案内すること。但し別室を特別に作る必要はない。右部屋は関係者のみ出席すること。

（郵政大臣官房秘書課広報室「野戦郵便局・通信情報取締等関係資料」昭和39年3月、692.1 YPP5z2、続逓信事業史資料拾遺第二集）

検閲の目的や法的根拠の他、事務的な作業についても細々と指示してあることがよくわかる。本来ならば検閲行為を隠蔽したいはずのＣＣＤが、手紙の開披を検閲済テープ補修で宛先に送付することに加え、ＣＣＤに一旦送付されて疑問なしとして処理されたものにまで、検印の押捺後に返送するという目立つ行為を示したことに改めて注目しておきたい。

6　逓信当局のCCD検閲への全面服従

①検閲郵便物への送付上でのクレーム処理

こうした検閲を当時の国民はどのように受け止めていたか。少なくとも国内メディアがこれに異議を申し立てた形跡は見られない。

1945年10月11日の『朝日新聞』によれば、「このほど連合軍最高司令官の命により、再び検閲が郵便物、電報及び電話通話に対し行われることとなり、わが政府に対し、その協力を指令してきた」とあるのみだ。

日本政府は早速、同年10月12日の閣令43号で「内閣総理大臣ハ連合軍最高司令官ノ要求ニ依リ連合国占領軍ノ為ス郵便物、電報及電話通話ノ検閲ニ協力」することを取り決めた。

1947年3月7日付の『熊本逓信局報』によれば、「検査に提出する普通速達郵便物は、一般普通通常郵便物と同一の行嚢《こうのう》（引用者註・郵便用の袋のこと）に納入」されていたが、しっかりと縛られていないため、両者が混合してしまうことが多く、博多の検閲局では選別処理に時間を食い、ひいては郵便配達の遅れにつながっていた。したがって「今後検閲に提出する普通速達郵便物」は多少にかかわらず、別個の行嚢に入れるようにとの「検閲隊から指示」があり、今後、行き違いがないよう逓信局業務部長から集配郵便局長への指示が出された。

同じようなクレームは「検閲郵便物と外地郵便物の混入」についてすでに１９４６年10月４日付の『熊本逓信局報』にも掲載されているが、なかなか履行されなかったようである。さらに「行嚢中での検閲郵便物の把捉崩れ」へのクレームが『熊本逓信局報』１９４６年６月18日付にも出ており、それには「必ず赤行嚢で納入すること」との指示があった。

さらに同局報１９４７年７月８日付には「検閲郵便物を博多局に送付する場合、郵袋内に黒肉油が浸潤して汚損甚だしいのに漫然と郵便物を納入したため、郵便物が甚だしく汚損して検閲が出来ない。検閲隊より厳重抗議を受けた例があるから、検閲郵便物差立の郵袋は特に点検の上郵便物が汚損しない郵袋を使用するよう充分注意ありたい」との指示がある。

上部は検閲当局の指示を伝達しても、なかなか守らない現場にやきもきしていたことがわかる。現場の、全逓（全逓信従業員組合）からの強い抵抗があったのかもしれない。

②CCDから郵便局への返送の際のトラブル

郵便局へ返送された郵便物の扱いへの抗議が寄せられたこともあった。開封され、検閲終了後にテープを貼って返送される際、テープ部分が剝げ落ちることが多かったようである。

また検閲所で貼付する正式の封緘紙が剝脱した検閲済通常郵便物を、別の封緘紙で修補して配達したため、普段見慣れぬ封緘紙を見た郵便受取人から、郵便局では言論の自由を束縛しているとの誤解を受けた事例があったという。

さらに『熊本逓信局報』１９４７年5月21日付によれば、

「占領軍の指令によって、長崎県下の某局を調査したところ、ある事件について、信書開封の流言を流布され、一般の疑惑を招いたことがある。更に調査を進めた結果、これとは別に同局の事務員が、破損郵便物の通信文を盗読した事件が発覚」

したという。そして同記事の後に、

1、破損郵便物は、到着と同時に責任者立会の上、修補を励行すること
2、郵便物の受取人の居所氏名を不用意にもらさないこと

という監察部長の命令が附されている。

③CCDから集配郵便局への謎の訪問対応

ＣＣＤ（民間検閲局）は、ウォッチ・リスト対象者の居住地域の郵便局を不意に訪ねることがあった。そのリストは極秘事項であったため、日本人局員には口外されなかったが、当該の郵便物の効率的な集配の範囲や郵便物数の増減が指示されていた。郵便局側では、検閲当局の方針を知るためにも、こうした訪問者への対応はぬかりなく行う必要があった。

「ＧＨＱその他司令部係官が、視察等でくる場合は、その都度速やかに地元県の終戦連絡事務局を通じて軍政部に通報して、視察日程等その取扱方について、必ず指示を受け

るよう、九州軍政本部より要求があった。この点に間違いのないよう取計って欲しい」という記録が残っている（『熊本逓信局報』1946年11月26日付）。

通信監理部門（Traffic section）という謎の組織もあった（『Intelligence Series X』80、157頁。Intelligence Series X については本書208頁参照）。

その任務は通信のチャンネルを定期的に抜き取り調査し、通信量やその価値評価を行うというものだった。そこに配属された将校は、お尋ね者の所在を嗅《か》ぎ分ける隠密で、視察のふりをして、巡回、監視するお目付け役、いわば忍者であった。彼らは集配局への郵送量をも指示した。ウォッチ・リスト班が郵便物を該当物かどうか、選《よ》り分ける際に現場で使われた隠語が「Exact」（あたり、ずばり等の意）であり、「Similar」（近い、類似等の意）であった。

リストに出る人名までは現場の郵便局には教えないが、周辺地域の投函、配達の情報を示唆して、郵便関連人物の密度の高い情報収集への協力を要請していたと思われる。リスト登録者のインテリジェンス探索の効率を高めるために、発信元、受信先の範囲確定がその工作効率を左右した。とくにリストに出る要注意人物を逃がさないようにするには、情報源となるターゲットを定めることが必須であった。

ウォッチ・リスト班など機密室は、リストに出る名前が手紙に記載されていた場合は「Exact」と呼んで喝采した。注意人物や団体の正体が明らかになれば、逮捕は容易になったからである。核心情報なら大助かりだが、「Similar」でもよかった。わざと見逃すことも戦術の一つであった。

情報が漏れることもあった。多数の日本人検閲官が開封で得た情報は、独自のファイル情報によって時間をかけて総合分析され、それから作られたコメント・シートや、専門工作部での補充調査によって、分析が補正されていた。それらをもとに、CICやCISの関連諜報機関との間で、情報交換や調査協力も行われていた。

CCDは日本人からのクレームについて、とくに、

「検閲に関する苦情、希望、意見等を公衆より受理したときは、今後これを東京中央郵便局渉外係を経由して、直接連合軍検閲隊に上申すること」（『札幌逓信局報』1948年8月20日付）

としていた。

「公衆に対しては、如何なる事情がある場合も絶対に検閲を実施されていることについ

て漏らさないよう、併せて配慮せられたい」（『札幌逓信局報』１９４９年2月18日付）という姿勢を堅持するよう、日本当局に検閲末期まで繰り返し周知徹底させようとしていたのだ。

ここで実際に当時、郵便の仕事に携わっていた人の証言を紹介しよう。

左藤恵（元郵政大臣）に筆者は2回話を聞いている（２０１４年2月5日に電話取材、同年2月18日に大谷学園学園長室訪問取材）。

左藤は１９４８年頃、大阪逓信局のキャリアの渉外室長として、尉官級の中隊長と面会した経験も持つ。相手は日系2世で准尉だった。日本政府側は、ＧＨＱを動かそうとする姿勢を欠いていたという。左藤はかつて国会でこう語っている。

「信書の事前検閲、この第1位は当時、神社の宮司さんあての信書、こういうこともありました。ともかく通信検閲というような問題は、『検閲は、これをしてはならない』という憲法の規定があるにもかかわらず、アメリカはそういうことをやっておったということも思い起されるわけであります」（２０００年4月27日・衆議院憲法調査会会議録）

今では考えづらいが、当時、神社の宮司の中には左翼系の人物もいたために検閲の対象とされていたようだ。筆者が左藤にインタビューした際にも、左翼系の宮司の情報をCCDが求めてきたことを確認した。神社、神職は特殊な宗教と認識し、手紙からその活動を抑えるように郵便局に命じてきた。しかし、その際ウォッチ・リストのような話はなかったという。渉外担当としての左藤にしばしば要請があったのは、米軍住宅の電話設備、郵袋のバンドがはずれるとか、郵便列車が遅れるとかいったクレームだった。「郵便検閲の現場に行ったことはない」とのことであった。

④国民側の対抗手段――私設郵便の創設

日本政府はGHQのいいなりになっていた。多くの普通の国民にとって、一番迷惑だったのは、郵便の遅配である。速達を出してもいつ届くかわからないし、書留はほとんど検閲されて遅れる。そのため全国各地に私設郵便を扱う（株）ジャパン・エキスプレス・サービスなどの便利屋ができた（前掲『占領軍の郵便検閲と郵趣』）。

「便利屋さんは、郵便物や手紙を運んではいけない、ということになっていましたが、現実には便利屋さんに頼めば、間違いなく速く、届きますからね。当時は長野と松本

――の間にも、私設郵便があったんですよ」

（信越郵趣連盟理事長・藤野力談『信濃毎日新聞』1995年7月21日付）

GHQが郵便検閲をやり、国民が困っていることを知っている政府は、検閲期間中に誕生したこの便利屋を、法律違反として取り締まることはなかった。CCDが廃止となってから、取り締まりに乗り出し、便利屋は消えた。

なお全逓も独自に、組合本支部間の秘密の郵便ネットワークをもっていることを、CCDも郵政当局も把握していたが、これもGHQが見逃しているかぎり、政府は手出しができなかった。日本共産党の鉄道郵便による検閲回避もあった（CCD Monthly Report, October 1948, CIS-5346）。

⑤CCDから電報局へのクレーム

東京中央電報局で検閲が始まると、英語のできる交換手や保守要員の確保、軍専用の設備や機器の整備など、日本側には待ったなしの無理難題が次々と突きつけられた。その悪戦苦闘を示す記録が残っている。

（引用者註：当時の東京中央電報局・野崎毅局長の証言）

「何か特別な重荷を負わされている感じがするのは、5階の派出所に3、4人の駐在将校が駐在していて、それに管理されているからであった。

外国電報は受け付けてから1時間以内にサンフランシスコへ送れ、という指令を受けていたが、これがはなはだしく私の気にいらなかった。中電（東京中央電報局）が受け付けてから、あるいは受信してからというなら、1時間以内だろうが30分以内でもいいが、日本国中のどこの局で受け付けたものでも、それから1時間以内にサンフランシスコへ送れというのでは、中電に対する指令としては受け取れないからであった。

電報の配達遅延について、駐在将校から詰問されることもしばしばあった。ある日、フレスピー少佐が、私と外信課長の石渡君を呼びつけて、

『局長、この電報は何時に受信したか』と尋問した。

『その電報は昨夜の11時に受信しています』と答えると、

『それが今朝の6時にわれわれの方で受けとっている、どういうわけか』ときた。狐

につままれたような話である。

『早速調べて見ます』と答える以外にない。

『調べてくれ給え、当方は深夜に到着した電報でも、直ちに受け取るためにサージャント（下士官）を宿直させているんだから、前夜に到着したものをけさ配達されては困る』

という。もっともだと思って早速調べにかかると、その電報を取り扱った職員は宿直あけで茨城県へ帰ったという。

『昨夜の宿直者は既に帰りましたので、直には調べができませんが、とにかく以後十分気をつけて遅配のないように取り計らいます』

といっておいたが、こんなことが3回も繰り返されるに及んで、私もたまらなくなった。そこで徹底的に調べると、漸く真相がわかった。担当者のいうには到着した電報を持って、サージャントの宿直室まで行くと、室の中を消灯してドアに鍵をかけているることがあるので、やむなく朝まで待つというのである。

『かまわんからドアをたたいて起こせばよいじゃないか』

というと、

『それがちょっと都合が悪いことに、そういうときは、例のパンパンが泊りこんでいるんです』

というのである。

『いや、それでわかりました。そのような時は翌朝6時に配達してもらいましょう』

私から真相を聞いた将校は、他の将校とちょっと相談してから、このように答えた」（東京中央電報局編「2・1スト当時の局長として」『90年――東京中電のかお』より要約。1961年）

「米国大使館で、マッカーサー夫人が通話中に話が漏れたということで、交換機の取り換えを命ぜられ、数夜徹宵で工事をやらされた」

「こと検閲に関してはいっさい日本の電話当局に介入させず、通信隊が処理していたからその筋道だった詳細はよくわからない」（電電公社東京電気通信局編『東京の電話――その五十万加入まで』より要約。1961年）

「以前からマッカーサー司令部、民間通信部、郵便課員が随時当方の地区に出張して

くるが、この場合、出張員が調査する事項で重要なものは速やかに当局へ連絡されたい。なお出張日時、氏名等はその都度事前に通知すること」（『熊本逓信局報』１９４６年10月4日付）

ＣＣＳ（民間通信局）やＣＣＤからの地方電報局への問い合わせ、直接訪問は引きも切らなかった。電報の内容、発信人などの情報を、検閲当局が迅速に確認するために、発信局に対して7時間とか10時間以内での迅速な回答を、強権的に要請することがあったようである（『熊本逓信局報』１９４７年6月24日付、『札幌逓信局報』１９４９年1月21日付）。郵便よりも電報情報の方が価値が高いとの認識があったので、本部から現場の電信局への調査命令、確認命令、電報への即応命令が再三届いていた証拠資料が他にも幾つか見られる。

7　郵便検閲現場の日系2世の役どころ

検閲に際して日本語の能力が必須なのは間違いないが、一方で、日本人をどこまで信用できるのかという問題は常につきまとう。そのため重宝されたのが日系の米国人だったのである。4人の日系2世のインタビューをまとめて紹介する。

●水野キヨシ

水野は東京・北区の聖学院中学に昭和10年から15年まで在籍した、帰米の日系2世である。戦争勃発後、ユタ州トパーズの収容所に強制移動させられたが、9カ月で飛び出し、ユタ大学に入った。その後、エール大学で陸軍の日本語学校の教師になる。3年間勤めたところで終戦を迎え、1946年5月軍属として日本に送られた。陸軍情報部に入り、福岡のCCDに配属された。階級は軍属少尉。

「そこには私のような『外国人』検閲官が60人程いました。福岡CCDの管轄は、博多、広島、山口、岩国、門司、鳥取、岡山、津山などです。中国地方と四国の手紙は、博多に送られランダムに検閲に回されていました。

4年間、郵便検閲の部門の中にある特別検閲部で、ウォッチ・リスト班に入っている人物（差出人、あるいは受け取り人）の手紙を、開けたと分からないように、蒸気で開封する作業を私の班では行いました。

職場にはウォッチ・リスト専門の検閲官がいました。彼らには日本語が分かればいいという程度の日本語学力しか求められていませんでした。

検閲の結果、内容に問題があると考えられた手紙は東京の本部に送られ、そこで再チェックが行われます。

普段からCICとも密接に情報交換がありました。特に元日本軍憲兵や共産党員などはウォッチ・リストに載っており、彼らの郵便物はすべて検閲を受けました。また、そうではなくてもGHQを批判する手紙があった場合、ウォッチ・リストに名前が載せられ、手紙の内容は上層部の判断を仰ぐため東京の本部に送られました。

リストに載っている人物が住んでいる地域の郵便局に、手紙の開封その他の便宜を頼むといったことはありませんでした。

その他の仕事、雑用を行う日本人は英語が分かる女性が多かったですね。

検閲をしていて、偶然に事件を発見することもありました。中でも重要な事件は九州帝大の捕虜生体解剖事件です。看護婦長が人肉を食べたということを綴った手紙を見つけたことがあります。また黒田城で起こった豪州兵の暗殺事件というのも手紙が発端で発覚しました。その事件の際には、元日本軍憲兵隊員にウイスキー、たばこなど物品を渡し、捜査を依頼しました。

こうした、偶然見つけた重大な事件については、東京のＣＣＤに調査すべきかどうかを問い合わせることになっていました。同局の指示があれば、地元のＣＩＣに実際の調査を依頼します。私の班が独自に調査することはまずなく、調査結果がＣＩＣから知らされることもありませんでした」

（２００９年2月24日、於サンフランシスコ市こころリタイアメントホーム）

●クラレンス久恒

ＣＣＤの関係で取材を受けたのははじめてとのことで、はっきりした記憶力と明快な口調の日本語で、以下のように過去の記憶を手繰り寄せてくれた。

「１９２４年1月、サンフランシスコ郊外デルタの農家に生まれ、1歳から5歳まで東京の祖父母の家で過ごしました。その後帰米し、カリフォルニア大学ロサンゼルス校やバークレー校などで学びました。戦争時には日本にいて、東京大学で航空工学を学んでおり、同級生には、後に日本の宇宙開発の父と呼ばれた糸川英夫氏もいました。終戦

敗戦で東大では航空工学がなくなり、ＧＨＱに職を求めることになりました。終戦当時、すでに日本に住んでいた「外国人」として雇用され、待遇は将校。１９４５年

9月中旬に東京のCCDに配属になり、その年の12月までいました。宿舎は大蔵省のビルでしたね。

仕事は東京中央郵便局の小さい部屋（引用者註：東京中央郵便局3階の25室？）で郵便検閲を命じられました。日系人中心の12人ほどの小さい組織で、日系（外国人）検閲官が大部分でした。日本人はいなかった。外国、とくにアメリカ向けの郵便を検閲しました。戦争の感想を伝える手紙が多く、インテリジェンス的なものはありませんでしたね。日本語が堪能な朝鮮人もいましたが、彼が社会主義者と分かると、すぐに解雇されました。「外国人」として雇用された検閲官の中には、日本語が堪能なスイス人もいました。

検閲官であることに対し、日系日本人らの抵抗感はありませんでした。

1945年12月から、福岡のCCDへの転勤が許可されました。父が九州へ帰国したためです。福岡では2世外国人の将校は自分だけでした。

将校と下士官とは待遇、宿舎も区別されていました。47年7月まではピクトリアル班レコードセクションで、最初は事務整理の組織作りをしていました。日系人が2〜3人、日系軍属が4人、将校1人（白人）という配置でした。その後、徐々に人数が増えましたが、特に日本人が増えましたね。

自分はレコード部のヘッドでした。福岡ではグラフィック部はなく、劇場部はマキシー坂本がヘッドでした。

福岡CCDは、福岡市のデパート（松屋）の焼け跡をGHQが使用できるよう改修した、大きなビルでした。ビルの最上階にはダンスホールがあり、ビル内には集会所もありました。そのビルを改修して全館を使うようになるまでは、あちこち各所で仕事をしていましたね。

日本人の検閲の仕事場はこのビルの1階と2階でしたが、それらの部屋がいつ統合されたかはわかりません。

仕事は芝居の台本のチェックでした。新しい映画は福岡では制作されなかったのですが、戦前の古い映画が多かった。その中には中国や朝鮮で制作されたものがけっこうありましたね。それらから反米的なものや、仇打ち、復讐などの場面を検閲で削除しました。

日本人検閲官は10人ほどいましたが、高い教育を受けていた人が多く、検閲に協力的でした。日本人には検閲することへの反発は全くなかったと思います。大学教授や津田塾大学の卒業生もいた。また少人数だったので、それぞれが親しく交流しました。

検閲の仕事で担当地区を巡回する際、自分は鉄道や映画館入場の（将校用）パスを持っていましたが、そのパスは日本人には提供されませんでした。

私は映画館の近くで、着ていたＣＣＤの制服を日本人の普段着に替え、身分を隠して映画館に入りました。上映されている映画が検閲済みかどうかはすぐに分かりましたから、未検閲の映画を上映している館主には注意し、フィルムをＣＣＤに差し出すように指示しました。館主側には抵抗はなく、また私たちからも未検閲上映への処罰はしませんでした。検閲のために古い映画を提出するよう再三、文書を関係者に送っていましたが、それが届いても知らぬふりをして出さない者もいました。中には実際その届け義務を知らない者もいました。

戦時中に日本に入ってきたロシアや中国の映画の検閲も福岡支部で行っていましたが、すべての新着映画の検閲は東京本部で行っていました。ポルノ映画も多く混ざっていましたね。

日本人でも将校でも、ＣＣＤで働いていたことや、勤務中に得た情報に対する守秘義務は課せられませんでした。自分、そして日本人検閲官が、その経験を語らなかったのは、その仕事の意義が分からなかったためでしょう。とくに現場の日本人は仕事を命令されるだけで、ＣＣＤや検閲全体の構造を知らされていなかったので、語る意義を見いだせなかったのだろうと思います」

（このインタビューに関しては同行した切石博子「占領期民事検閲局日系二世検閲官の現場」『占領期雑誌資料体系』文学編I、月報1、岩波書店、２００９年を参照のこと。２００９年2月24日、於サンフランシスコ市こころリタイアメントホーム自室。夫人も同席）

日本人検閲官が日本国民でありながらＧＨＱに雇われていること、ＣＣＤで高給与の検閲官として働いていたことを恥と感じてはいなかったのではないかと考えていたのが印象的だった。

●川口コウジロウ

「米国陸軍情報部（ＭＩＳ）のゼブラプラトーン（シマウマ小隊）の一員として日本に送られました。優秀なメンバーが東京、大阪、福岡と、朝鮮（当時）のソウルと釜山のＣＣＤに配属されました。私は父親の出身地だった福岡支部を希望し、そこのＣＣＤで任務に就きました。ＧＨＱから制服の支給を受け、命令なしに全国を旅することの出来る許可証を与えられました。

私は陸軍の任務を解かれたと同時に陸軍文官となりました。福岡CCDは最初の1年足らずの間は、陸軍と海軍の混合スタッフで任務についていました。2世の陸軍軍人が約35人、2世文官10人、白人将校約35人、そして日本人スタッフは最初15人程度でしたが、そのうちに1000人ほどまでに増えました。東京の本部には3000人ほど、また大阪支部には2000人の日本人スタッフがいたのではないかと推測します。

その後、陸軍女性将校や民間人（将校扱い）が、CCDの任務を受け継ぎました。加えて、戦中、戦争直後に日本に何らかの理由で留まっていた日系2世が「外国人」（F／N）としてGHQに職を得、CCDの任務に加わり、その給料は日本政府が負担していました。しかし1年後、彼らは米陸軍に文官として再雇用され、その給与は米国政府が支払うようになりました。

実際に検閲作業にかかわっていたのは、数千人にも及ぶ一般の日本人です。主な仕事は、日本語で書かれた文書や、電話の会話の翻訳でした。日本人検閲者によって翻訳されたものは、日系2世のMIS（米国陸軍情報部）検閲官のチェックを受け、その後白人の上官のもとで更に正確を期し、必要な場合はGHQに送られました。無作為に行った検閲で集められたインテリジェンス情報は、GHQ本部に送られました。

私の任務はこうした日本人スタッフを監督し、彼らの仕事をチェックするというものでした。CCD全体の教育係として、日本人スタッフの英訳力を高めるためのトレーニングを行ったり、日本人スタッフ（若者が多かった）に筆記試験を受けさせたりしました。そして、仕事の配置や配分も行いました。

日米開戦直後、私も他の日系人同様、収容所に移されたのですが、その収容所の中の中学校で教師をした経験が買われて、福岡CCD検閲学校で、日本人検閲官の英訳能力を促進するための教師に配置されました。

多少の英語の知識を持つ日本人が雇われ、検閲学校に送られていました。そこで1カ月の英語訓練を受けた日本人が、CCDの各セクションに配置され、検閲者としての任務を開始したのです。この検閲学校の校長は、カリフォルニア州にあるオキシデンタル・カレッジの教授だったジョン・ハマー博士、副校長はホノルルから来たアール加藤で、両者ともに陸軍文官でした。

日本人検閲者の配置も私の仕事でした。CCDでの私の役割はユニークなものでした。というのも、検閲局はいくつかの部署に分かれていて、検閲局で働く武官、文官のほとんどは、その所属する部署の役割のみしか把握していませんが、私の場合はすべての部署の検閲官の教育係だったことから、全体の仕事の内容を把握できたのです。

CCDは日本と朝鮮で行われ、占領に対する批判は一切許されませんでした。各コミュニケーションの中で、問題ありとされる内容のものは、インテリジェンス情報として抜き出されました。

検閲で得た情報の中には日本人に対する犯罪にかかわるものもありました。こうした場合はGHQに情報が送られ、必要な場合、命令を受けた日系2世の犯罪捜査隊が捜査を行いました。検閲が開始されて最初の1年足らずの間は、海軍軍属がテレコミュニケーションの検閲を担当していましたが、1年を待たずに彼らは本国に召還され、その他の分野の検閲に関しては、陸軍文官の助けを借りながら陸軍軍属が行っていました。

ウォッチ・リスト、つまりCCDのブラックリストに載った日本人の手紙が、検閲を免れることはありませんでしたが、それ以外の手紙は任意で検閲を受けていました。手紙以外、すべての出版物、放送、演劇は完全な検閲を受けました。特に出版物の検閲を行うセクションは、最もパワフルなセクションでしたね。検閲局の認可なしには何であれ、公開することは不可能でした。

検閲で更にチェックが必要と考えられたものについては、ATIS（連合国軍翻訳通訳部）に送られ、完全に英訳され、CICやCIDで詳しく調査されました。占領時の検閲局の規模は巨大であり、最も多くの占領軍のアメリカ人が関与したオペレーションでした。

検閲のもう一つの目的は、占領または占領軍を日本人がどう受け取っているか、占領政策はよい方向に進んでいると日本人は考えているのか、などを知ることでした。また、占領軍に対する日本人の抵抗や、暴動の計画があるかなどの情報も重要でしたね。

つまりマッカーサーは、検閲を通じて日本国民の占領に対する反応を把握していたのです。日本で発送される多くの手紙や、その他のすべて形でのコミュニケーションから、日本人に対する占領軍（米軍、他の連合国軍）のレイプや強盗、その他の犯罪を把握していました。こうした内容を抜き出し、把握していたため、日本人の占領に対する反感を最小限に抑えることが出来たのです。

検閲官は仕事の内容に関して互いに話すことはありませんでした。それは上からの命令ではなく、米国人としての習慣です。日本人の検閲官もまた同様で、仕事の内容を口外してはならないと命令されてはいませんでしたが、それを互いに話すことはなかったですね。

日本人スタッフは熱心に働きました。それは仕事を見つけるのが困難な時代に仕事の機会を得たこと、その給料が高いこと、それに一般の日本人には高価で買えないような食料も安価で手に入ったからでしょう。日系人への、白人からの差別を長年身に受けた私は、福岡ＣＣＤでも同様な体験をしたので、長くそこに留まることはありませんでした。私の離任はその抗議からであったといえます」

（２００９年2月23日、於サクラメント市の川口邸）

●鮫島コウ

鮫島氏は、高桑幸吉の『マッカーサーの新聞検閲』（１９８４年）に協力するなど、以前から新聞等も含めて、たびたびＣＣＤ関係の取材を受けていた。

――「私はウィロビーからその功績を表彰されたこともあります。東京のＣＣＤ本部で、日系人として最高位の工作将校につき、また、日本全体のＣＣＤのまとめ役でもありました。

最初は新聞班の工作将校の補佐役でした。検閲の実行と、言論の自由のはざまで、ＣＣＤは厳しい対応を求められ、常に緊張感がありましたね。そのため市政会館の事務所入口で、検閲の結果を待っている新聞社、通信社にいち早く結果を伝える姿勢を終始持っていました。情報班の上部も白人が握っていましたが、私はカストロ、スポールディングに次いだ地位にありました。

私の記憶では、事前検閲から事後に移ると、一般紙の違反件数は減ってきたように思います。しかし共産党の党勢が強まると、同党の検閲にＣＣＤは力を入れました。共産党が35議席を獲得した１９４９年に、マッカーサーは危機感をもったようです」

（２００９年2月24日、於 Fair Field の自宅）

※以上、日系2世4氏へのインタビュー記録は、切石博子と筆者の共同調査の成果である。インタビューの利用は相互の自由であり、その著作権は相互にないとの協定がある（『昭和のくらし研究』第8号、２０１０年3月号参照）。

●村上寿世

1994年5月、カリフォルニアで、日系検閲者OBの懇親会が開かれた。そこに、当時プランゲ・コレクション（246頁参照）に在籍していた村上寿世が出席しており、各証言を集約している。『出版クラブだより』（1994年10月1日号）の「プランゲ文庫について・番外篇」より紹介する。

「検閲は白人、二世、日本人と三つの異なったグループの合同作業で、それぞれの持ち場は錯綜している所もあるが、歴然とした違いも見える。

白人は主に全体の監督や他部署との連絡、上部への報告書を作成した。そしてメディアの出版法（プレスコード）違反に対する最終決定も彼等の仕事であった。

白人は米国青年の明るさで、二世青年と共に年上の日本人要員を信頼し、占領軍の目となり耳となって日々の困難な仕事をやり抜いた。

二世の任務は通訳、翻訳要員として広範囲に及んだが、大体は日本人要員の監督であった。日本人が聞いて探し出した情報や違反の疑いがある箇所についての質問に答え、どう処理すべきかを判断し、日本人に示した。自分達で決められない問題、解決できない問題に対しては上司の白人に回し決裁を仰いだ。その際二世も意見を述べた。

敗戦まで内務省で行っていた言論検閲は、検閲者、被検閲者が共に日本人だったが、占領軍の検閲は、戦勝国が検閲者、敗戦国が被検閲者——と、勝者と敗者が異なった。敗戦国民の日本人に、戦勝国がするはずの検閲を任せる、日本人が日本人を検閲するという初めから矛盾の上に立った検閲であった。日本人要員は学問的にもレベルの高い人達がいた」（一部抜粋）

日系2世の日本人検閲官への対応

日系2世の証言を見たとき、日本人検閲官の仕事は2世抜きでは円滑に実行できなかったことが分かる。

CCDの構成員においては、将校、下士官が工作全体を取り仕切る支配層であったが、全体数では1割にも満たなかった。監督官は白人、日系人混成の中間層であったが、実質的には日系2世が検閲業務を仕切っていた。監督官のなかでは白人が発言権を握っていたが、構成員の9割を占める日本人検閲官を日常業務で監督、指導していたのは日系2世だった。彼らは戦中、本土の日本語学校で日本語リテラシーを高めていたので、検閲業務に熟達しており、1年以上の長期勤務者も多く、下層の日本人雇用者を支配していた。

水野、久恒は幼少時に日本で教育を受けた帰米2世であり、川口、鮫島は日本経験のない2世であった。このうち鮫島だけが東京のPPB（プレス・映画・放送部門）に勤め、他の3人は福岡のCCDに配属された。そして川口のみが、陸軍嘱託の教育班所属として1945年12月の公文書（CIS-5241）に記載されている。川口の任務は、採用したばかりの日本人の検閲能力を高めることであった。久恒は東大の学歴があったので、採用時から将校として特待されていた。

GHQは、上陸前から日本人翻訳者の獲得が占領遂行に不可欠と認識し、その準備をしていた（Intelligence Series X, appendix p.436）。とくに検閲を主任務とするCCDは、どこにおいても、日本語を理解し英訳できる日系人や日本人を必要としていた。また、この文書（CIS-5241）には26人の2世を採用したが、かなりの程度をこなすだけの日本語能力がないことがわかり、検閲課への再配置を見送ったとある。しかし日系人は、圧倒的多数の日本人検閲官に対して、同じ民族的親しみと信頼をもって接した。

CCDからの2200頁のチェック命令を一人で実行した日系2世

高等教育を受けた日本人に負けない実力を持つ者が、日系2世には少なくなかった。

以下は、日系人に極めて高度な能力を持つ人物が混じっていたことを示すエピソードである。

東京外国語学校ロシア語科教授・松田衛が著した『和露新辞典』は大正14（1925）年の初版で、これを改訂増補したものは昭和8（1933）年『和露大辞典』として東京堂から出版されていた。

戦後、この改訂版を出すに当たって、GHQの検閲で25カ所の削除が命ぜられた。この検閲を担当したのが、日本語に堪能な日系2世将校である。2200頁もある日本語／ロシア語の辞書を読み通したのは、著者以外には、おそらくはこの検閲将校くらいであろう。

削除されたのは、辞書の中の単語や例文だった。「大日本帝国」「皇国」「皇軍」「日本海海戦記念日」「朝鮮総督府」「満州国」などの単語のほか「皇国ノ興廃此一挙ニ在リ、卿等ソレ努力セヨ」「日本ハ国民皆兵ナリ」「宣戦ノ大詔渙発セラル」「皇軍ノ向フ所敵ナシ」「広瀬中佐ハ軍神トシテ崇拝セラル」「出征軍人ノ労苦ガ偲バレテナラヌ」といった例文も槍玉《やりだま》にあげられた。

天皇と神道に対しては特に過敏で、「靖国神社」「官幣社」「国幣中（小）社」「郷社」

「皇宮警察」のほか、例文では「日本ニ於テハ国家ノ主権ハ世々天皇掌握スル所ナリ」「陛下ハ来ル三日陸軍大学校卒業式ニ行幸アラセラルル筈」が削られた。

GHQの事前検閲はその後、事後検閲に代わり、1949年11月に廃止された。『和露大辞典』においても1950年に削除箇所すべてが元に戻され、軍神・広瀬中佐の箇所も復活した（惣郷正明『辞書漫歩』1978年）。

日本人検閲者（プラス日系人検閲者）がいたからこそ、米軍（白人）は検閲工作の目的を達成できた。

福岡CCDでは45年10月早々から、採用係はあの手この手で、日本人検閲者を募集しだした。地元の郵便局、市役所、軍政部、裁判所、福岡県渉外部だけでなく、新聞広告や口コミまで動員したという（CIS-5242）。こうして45年11月末には212人の日本人と外国人（F/N）の採用にこぎつけた。川口に代表される日系人は日本人の英語力を翻訳用に訓練し、白人からの評価を高めるのに助力した。

ドイツでの米軍の検閲活動

日本よりも先に降伏したドイツ・オーストリアでは、占領早々から米軍は通信検閲に取り組んだ。本国で解散したばかりの米国検閲局の専門家を、ドイツへリクルートした。また現地言語のリテラシーを持つ者が米国では比較的に多く、現地派遣を忌避する者は少なかった。PPBというメディア検閲はドイツでは実施していない。

ところが日本と韓国の言語はアメリカにはなじみがなく、それを解する者も希少であった。韓国ではPPB検閲は実施見送りになったものの、日本全土、7200万人を対象とする全面的な検閲は、米軍にとって重荷であった。日本への派遣者（軍属）のリクルート活動は、1946年3月に初めて、ハワイとアメリカ本土で行われた（Putnam, Civil Censorship Operations in Europe Compared With This Theater, 1947.4.30, CIS-3768）。

その際に獲得した人員は厚遇されて、優秀な者は日本人検閲官を監督するDAC（監督検閲官）に抜擢された。水野や久恒のように、幼少期に父母の故郷で教育され、本国に帰国した帰米2世も少なくなかったし、米国の居住地で日本語になじんだ者も多かった。また、前述したように、一人でロシア語辞書の検閲を担当できるほどの実力者もいたのである。

2世の米国への忠誠心を疑う白人将校は多かったが、インテリジェンスのガードを内々に設定して対応した。2世はCCDの現場に登用された。後の日本人検閲官の証言の中で、2世の戦勝国意識への現場での根強い反発は散見されたが、先の村上の言うように、勝利者と敗北者の融和という面において、CCDの目的達成に一定の役割を果たした功績は無視できない。

NHKの旧放送会館には雑誌の検閲の大部屋があった。鎌倉文庫の文芸誌『人間』で編集長を務めた木村徳三の次の文は、日本人編集者の2世検閲官への平均的な対応、受け止め方を示している。お互いに反発を抱きながら、白人の横暴には共同で抵抗するような、同一民族の感情が通底していた。

「検閲係の多くは日本人二世のようであった。『人間』の担当者も二世独特の、当時の私たちの目には気障《きざ》というほかない小柄な男だった。清潔な身なりに頭髪をきちんと撫でつけて、金縁眼鏡をかけ、微笑とともに、丁寧ではあるが見下すような口のきき方——接するごとに反感とある種の屈辱感をそそられたが、案外親切で、何時何時までに検閲をすませてくれというようなこちらの希望も、やがてこころよく聞き入れるようになった」（木村徳三『文芸編集者 その跫音』１９８２年）

Ⅱ　日本人検閲官のさまざまな対応

1　日本人検閲官の葛藤

前章までに見た検閲官は主に日系2世である。彼らにとっての母国は基本的に米国である。そのため検閲について、強い抵抗を感じなくても済んだことは想像に難くない。実際に当人たちの述懐にもそのようなトーンは見当たらない。

しかし、日本生まれの日本人にとってはどうであったか。本章では日本人検閲者の実態と心情に迫ってみたい。

甲斐弦（1910～2000、英文学者・熊本学園大学名誉教授）は、1946年秋から冬の2カ月間、福岡で検閲に従事した。彼はモンゴルからの引揚者で、阿蘇で開墾をしながら家族を支えていたが、新聞の検閲官募集広告を見て応募した。当時の心境を彼はこう綴っている。

「同胞の秘密を盗み見る。結果的にはアメリカの制覇を助ける。実に不快な仕事である」「まことに嫌な仕事だったが、食って行くことは一切に優先する。妻子を養うためには泥棒もやるぞ、と当時は腹を決めていた」（甲斐弦『GHQ検閲官』1995年）

甲斐によれば、CCDビルの1階の入口に、同僚の一人が「奴隷用掲示板」と呼んでいた掲示板があった。そこには、

○3回以上遅刻したら首
○理由なき欠勤は首
○欠勤した者は次の配給の権利を失う

と書かれていた。
甲斐は、あまり知られていないが、ジョージ・オーウェルの大著『戦争とラジオ――

BBC時代』（晶文社、1994年）の訳者の一人である。その「訳者あとがき」に、第2次世界大戦の際、オーウェルがイギリスBBC在籍中に手掛けたプロパガンダの仕事に対する思いに共感を寄せながら、自己のCCDの一員としての体験を「検閲への順応と抵抗」というタイトルで短くまとめている。

梅崎春生の兄の検閲官としての体験

梅崎光生は1912年生まれで、直木賞作家・梅崎春生の実兄である（2000年没）。3歳年下の弟とよく比較され、「春生の兄」と紹介されるのを嫌い、親しい仲間はその話題を避けていた。だが文章力は、弟に大いに勝るとの評価もあったという。東京文理科大学を中退し、出征したが、捕虜となった。敗戦後は復学し、下村寅太郎教授の下で哲学の卒論に向かう。後に神奈川工科大学教授を務めながら、自身も小説家として、幾つかの作品を残している。

その梅崎光生は、1946年頃、検閲官として働いた経験を次のように書いている。

――「書く為には先ず生きなければならぬ、生きる為には食わなければならぬ、と思い到った。当時日本に進駐していた米軍は、日本国民の動向をさぐる為に、接収した中央郵便局で、手紙の検閲を行っていた。あの頃、手紙あるいは葉書の表にペタッと検閲済みのハンコが押してあったアレである。私は恥をしのんで、かつて戦った米軍に使われに行った。その合間に悪戦苦闘して、卒論にしてはまことに貧相な、レポートに毛の生えた程度のものをでっち上げて提出した」（「不肖菲才の一弟子の記」『下村寅太郎著作集　月報9』1993年）

彼はこの体験を別稿にも記載している。CCD体験とフィクションをまぜた20頁ほどのその小説によれば、敗戦後、マニラで米軍に集団投降した彼は、将校として屈辱的な捕虜生活をおくった。だが、そこでは、米軍に対しては日本の将校としてのプライドを維持できたという。ところが帰国後に、大学院生として飢餓を体験し、その米軍が設立したCCDに自ら働き口を求めることになってからは違った。

「仕事場は丸の内中央郵便局三階の大広間であった。細長いテーブルが数十並び、夫々のテーブルにDAC（監督官）とPPC（連絡係）、それに十二名の検閲者がとりつき、巨大な水槽の中の稚魚群が餌に群がる如きだるい雰囲気の中で、無表情に手紙の閲読、翻訳をしていた。ともかく敗戦後の日本人の思想や動向を占領軍GHQに密告する言わばスパイみたいな仕事だったので、一人一人の心の底に忸怩たるものがヘドロの如く沈殿していたであろうことは想像に難くない。（中略）ともかくこのアメリカ女の監督の下に、その指図に従って仕事をしなければならぬということに、まず抵抗というよりは屈辱に似たものを感ずる。

（中略）いちいち検閲済みの印を押し、封書は下部をテープで再封しなければならぬ。印にはそれぞれ個有の番号が入れてあり、それを見ると、誰が検閲をしたか分かる仕組みになっている。ひっかかるのは何パーセントという統計ができているらしいので、見逃がすわけにはいかない。従って該当するのが現れると、ほっとして翻訳にとりかかることになる。広い会場はペンを走らせる音と紙をめくる音と時折聞える咳払の外何も聞えない。時折、該当するかどうか判定のつかぬ場合は立ち上ってDACに聞きに行く、その声も低音である。酸素不足の巨大な水槽の中のユダの群れ」（梅崎光生「矜持と虚妄」『三田文学』1972年7月号）

「ひっかかる」確率から検閲官が手抜きをしないようなシステムが構築されていた点は

興味深い。見逃しが多いと、監督からチェックが入るというわけだ。

フィリピンの収容所では日本軍将校捕虜として卑屈な態度をとらなかった。ところが、

「手紙の山を前にして思い、DACの方をちらと見て一通を掴み取り、鋏で尻の封を切るのである。そしてアメリカ女の眼を気にしている自分を意識して惨めになるのであった」(同)

文面からも不満の色が強く感じられるだけあって、梅崎のCCD勤務は短かった。47年1月にある都立女子高から教師の話があったので、渡りに船と卒論を提出し、CCDをやめた(梅崎光生「不肖菲才の一弟子の記」『下村寅太郎著作集　月報9』1993年)。

ハンセン病を患っていた検閲官

光岡良二(1911〜1995、歌人)は、東大哲学科修了時に発症したハンセン病の再発を怖れながら、CCDで検閲者の集団に加わっていた。光岡は、中央郵便局の光景

を、「知的失業者群のぼう大な数にあらためて驚いた。紡織機に向う女工のように向い合って二列にデスクに坐り、一日中他人の信書を開封し、占領政策にとって必要な情報を翻訳する巨大なメカニズムの歯車」と描写した。

さらに、「こんな仕事は長く続ければ続けるほど、品性下劣になるほかはないと思われた」と述べている。梅崎同様にこの職場を毛嫌いして、１９４８年に退職した（光岡良二『北条民雄――いのちの火影』沖積舎、１９８１年）。

歌人の阪田こと子は、青年期に大阪電話局で電話盗聴を経験した。その体験をアララギ派の雑誌で告白している。大阪の検閲者、電話検閲者はともに証言者が僅少である上に、体験を悔悟的、否定的に捉えている点も興味深い。

電話局にて盗聴の仕事に従ひき手紙の盗聴ありし戦後を
役に立つ報告したる記憶なし二世のオフィサーと並び盗聴せしも
（『新アララギ』１９９９年９月号）

転職をした言語学者

河野六郎（1912〜1998、言語学者、東京教育大学名誉教授）は梅崎と同様、苦学生で、CCDに勤め出したが気にいらず、CIE（民間情報教育局）へ移った。

「渡辺照宏先生とはふとした事でお近付きになった。戦争で職を失い、日本に帰って来た我々のようなものがまず食うために求めたのが進駐軍の仕事である。始めは東京駅の前にある中央郵便局の階上にあったCCD（日本人の私信の検閲をした所）にしばらくいたが、この仕事はあまり愉快なものではなかったので、早く抜け出したいと思っていた。その頃、同じ進駐軍の役所でも文教を司るCIEというのがあって、田村町のもとのNHKの建物を使っていた。そこには学生時代から存じあげていた故坂井尚夫（仙骨）先生が居られたので、昼休みなどによく遊びに行っていた。（中略）その坂井先生の紹介で、私はCCDからCIEに移ることができたのである」（河野六郎「照宏先生のこと」『渡辺照宏著作集』第7巻月報、1982年）

吉村昭の告白

作家・吉村昭には「憂鬱な思い出」という作品がある。その中で、吉村は米軍の検閲に協力しようとした自身の行為を描き出し、それを率直に恥じている。

彼は終戦の翌年、予備校の先生の勧めで、日本文の手紙を英語に直す仕事につこうとした。昼食つきで月給１５００円だという。『値段の風俗史』（朝日新聞社刊）によると、その年の公務員初任給は５４０円とあるから、予備校生の報酬としては破格であった。その上、昼食つきという条件は、食糧が枯渇していた時だけに大いに魅力があった。

すすめられた仕事は、検閲にまわすための手紙の英訳であった。

不愉快な仕事というよりも、そんなことが自分に出来るだろうかという不安の念が強く、先生の買いかぶりだ、とも思ったが、採用試験として指定された日に辞書と筆記具を手に出掛けていった。現在の東京駅前にある中央郵便局で、Central Post Office という文字が側壁に書かれていた。

応募者は多かった。吉村らは広い部屋に入れられ、机に坐った。藁半紙に日本文の手紙が印刷されていて、それを英訳した。なんとか恰好がついていたらしく、それはパスして、しばらくしてから面接になった。小太りの日系2世らしい中年の女性が質問した。日本語かと思ったら英語で、彼は狼狽したという。吉村が受けた英語教育は読み書きだけで、会話など教わっていなかったのだ。

彼の前には47～48歳の背広を着た小柄な男がいて、女性の質問に淀みない英語で答えていた。男がアメリカに在住していたことがある、と言っているのを、おぼろげながら耳にできた。

女性は満足そうに何度もうなずき、男は採用になった。

さて、吉村の番になったが、女性の言っていることが少しもわからず、およその見当をつけて彼が英語を口にすると、女性は困ったように笑い、彼は不採用になった。その折の困惑と恥ずかしさは、今でも胸に焼きついているという。


「考えてみると、アメリカ占領軍も多大な労力をはらっていたものである。すべての封書の中身を英訳させ、それを調べるのは容易ではない。戦犯に指名されて行方をくらました者を探そうとしていたのか。または、共産主義者の所在をつかもうとしたのか。いずれにしても、中央郵便局内で多くの日本人たちが、検閲のための手紙の英訳に従事していたのだ。

なぜ私は、そのような仕事の採用試験に出掛けていったのだろう。幸運というべきか語学力の不足で不採用になりはしたが、アメリカ占領軍の検閲政策のために働こうとしていたのである。思慮に欠けていたのだが、私は高い報酬と恐らく質の良い食物に魅力を感じ、出掛けていったのである。それに、英語の教師にすすめられたことにも少なからず得意でもあった。危うく自分の手を汚すところで、その愚しさには呆れる。（中略）

私の場合、検閲政策のためであることを教えられながら試験をうけに出掛けたのだから釈明の余地はない。

このことを突然、思い出し、私はその日、一日中憂鬱だった」

（「憂鬱な思い出」『すばる』1990年1月号）

口を開き始めた人たち

検閲に携わった日本人たちの多くは、その仕事に疚しさを感じていたこともあって、なかなか当時のことを語ろうとしなかったが、近年は、歴史的な意味を感じて積極的に証言をしている者もいる。

渡辺槇夫は慶応大学の在学中に出征した。彼は1946年6月に南方の捕虜収容所から引き揚げたが、満鉄勤務の父の資産が没収されて、家計は苦しく、母から大学を諦めてくれと言われていた。その体験は毎日新聞のインタビューでも語られている（2006年3月15日付）。以下は「渡辺証言」の続きである。

「占領軍の手先になるということが心に引っ掛かって、数カ月は巷の職探しに歩きながら、やせ我慢しながら悩んだ」「数カ月前までは、私自身が捕虜になっていた連合軍の占領政策の一つ、日本の郵便通信を検閲するという仕事をしようとしているのだ」

中央郵便局にすでに働いていた友人に相談したら「踏み切れよ」と言われ、同年12月に決心した。しかし入っても、「他人の手紙を開いて見るということは、アメリカが草案を作った新憲法でも禁止されていることなのに、この同胞に対する裏切りともいえる行為によって、自己の生計を立てるということには、大きな抵抗を感じました。しかし、私は『この職場は占領行政の一部だから、給料は日本政府から支払われるのだ、敵軍の仕事をしても敵から金は貰わないのだ』と、変な理屈を見つけて悩みを少し減らしたものです」。

彼は職場をよく観察していた。そこでは3、4階合わせて検閲者は800人くらいいたという。

「職場には学生らしい顔がずらりと並んでおり、その上に戦争中に職が無くなったのか、中年の男性が人生に諦めを感じたような顔で、気が重そうに働いている。皆英語が出来るのであるから、あのころなら所謂学卒のインテリと言えるでしょうが、あの職場に並んでいた目付きは、やはり目標を失った敗戦国の男子のものでした。声や、仕事の音を極力抑えて、ＤＰＳ（引用者註・郵便部門）の職場は静かでした。やはり日本人も、やる気を抜かれると、南方のインド、マレーやインドネシアの男のように、道端にしゃがみ込んで暇つぶしをするようになるのだろうか。オレはあんな姿勢は絶対とらないぞと、私は自らの心を励ましていました」

という。

「ＤＰＳのあの様な職場の静けさ、あの様な無表情な人々の群れ。あれはやはり、旧敵国と日本国民との間に、自ら身を投じて生きようとした者の、自己の選択に対する自己批判と諦観がかもし出した空気であったと思います」

彼は１９４９年3月まで勤めて、朝日新聞の記者になった。「ここまでやったという痛みが消えない。占領、敗戦の現実をいま伝えなければと思った」というのが、毎日新聞のインタビューに答えた動機だという。

翼賛短歌から検閲短歌へ

岡野直七郎（１８９６～１９８６、歌人）は東大法学部卒後、しばらく信託会社など実業界に勤めた。戦時下においては、歌人として文学報国会短歌部会幹事となり、終戦直前、「敵を撃つ料と聞くにぞしろがねのうつはことごと国にささげむ」という翼賛的短歌を詠んでいた。

１９４５年12月10日、東京で物価が著しく高騰したため、所持金が急減し、生活が苦しくなった。そこで募集に応じて進駐軍に勤め出した。英語はすでに大部分忘れた状態で翻訳の仕事についたため、まさに初学者の心境であったという。

昭和20年　英語にて年のをはりの挨拶を言ひたることとも永く思はむ
　　　　　歌の書と英語の書とを共に持ち朝々かよふ吾とおぼせよ
昭和21年　あはれなるわが英語だに努めなば世をととのへむ養ひとこそ
　　　　　アメリカのおくりものとてこの夕べ真白きパンをわれ食《は》みにけり
　　　　　昼の間は英語に勤め日本語に夜はくつろぐわれとこそ思へ

いさぎよく敗けては敗けてその国に睦まむことをわれ恥とせず
きはやかに国の敗れしかの日よりわが新しき命は立ちぬ
ひたぶるに英語をつづるをりふしに机の上の花ぞ香に立つ
翻訳にわれは疲れて瓶の花の匂に近くうつぶし眠る

昭和22年

（『岡野直七郎全歌集』１９８９年）

岡野は2年間の無欠勤を評価され、１カ月の特別休暇を与えられたと自記している。精勤によるこの種の特待は他の検閲者資料ではみられない。１９４８年6月のＣＣＤ資料では、彼は監督官で４３１０円の月給を得ている。ただし第5課ならびに第9課の課長と記しているのは誇大表現で、第5班や9班の監督官になったと記すべきであろう。ともかく敗戦直後に、旧敵のインテリジェンス活動に協力した旧翼賛会幹部が、「真白きパン」を頬張りながら、あっという間にアメリカ民主主義への同調者に転身していることが分かる。

彼は１９４８年7月、旧制六高からの親友であった工藤昭四郎（後の東京都民銀行頭取）が、当時物価庁次長であった引きで、外郭団体の物価調査会の調査部長に転じた

（一噌静子『望郷の歌人 岡野直七郎』1989年参照）。

2 東大生のアルバイト

早川宏は、昭和20年暮れに済州島から復員したが、2年間の軍隊生活で消耗した果ての終戦で、頭の中は大混乱となり、立ち直るまでにかなりの時間がかかったという。

編入した東大文学部教育学科に、家庭教師などしながら通い始めたのは、1947年4月からだった。この学科の授業だけでは何とも物足りず、文学部のいろいろな講義を聴いて、中・高の社会科の教員資格を取るとともに、岩崎民平の「オリバー・ツイスト」や中野好夫の「シェークスピア」講読など英文科の10単位ほどを取得することで、英語科の教員資格も取ることにしたという。2年間で大半の単位は取ったが、いい翻訳のアルバイトがあると聞き、丸の内の中央郵便局で、米人から簡単な和英翻訳のテストを受け、49年3月から同局内にあったCCDに毎日出勤し、土曜日だけ大学に行って残りの単位を片付けるという生活をした。

ここで働いていたのは主に社会人であったが、学生も混じっており、十数人ずつのセクションが、見渡す限りのフロアーにたくさん並んでいた。民間の封書の端を切って中味に目を通し、部厚い英文マニュアルに少しでも該当する事項があれば、できるだけ簡潔な英文に訳して統計の資料にするという仕事であった。

当時、配達された郵便物が開封され、CCDのスタンプが押されていたのがこれで、同胞の私信を開封する仕事に反発する友もいたが、生きた英文の仕事なので、それほど深刻に思わず続けていた。CCD解散の際、アルバイト学生も退職金を少々貰ったという（早川宏「観光事業と教職と」『学徒出陣――星霜50年』1994年）。

秘密の覗き見

「進駐軍の郵便検閲の思い出」を記した浅川昌文は、

「進駐軍による郵便検閲に関しては、他人の秘密である信書を無断で開封して内容を検査するものであり、非難されるべきものであるが、占領政策の一環として米軍にとっては重要な情報源であったことは否めないところであろう」

と若干の条件を付けて是認している。そのあと実際の体験、「知りえた秘密」を口外している。

「手紙を読むのも、最初のうちは熱つ熱つのラブレターなど面白いが、十日も経つと無味乾燥で一日が退屈である。そこで職種を変更しようと思い立った。今までは初級検査官（JUNIOR・EXAMINER）で読むだけであったが、見付けたものを翻訳する検査翻訳官（EXAMINER・TRANSRATOR）になれば張り合いがあると思い、和文英訳の試験を受け職種変更をした。おまけに一〇%から三〇%までの初級、中級、上級語学手当（ラングエジ・アローワンス）が支給された。こんなことなら最初から語学試験を受けておけばよかったと思った」

と回想している。そのなかで、大部屋の検閲室のほかに存在した特別な在所が記されている。

「暫くすると、人事担当の二世から職場変更の勧奨があった。当時の組織は関係のない日本人は入室が禁止されている小部屋が幾つもあり、そこには大部屋の検査係が見逃した事項や、同封の写真や切手や有価品等が滅失していないか、手紙が抜けていないか等を調査する再検査係（RE・EXAMINE SECTION）とか、特殊な事項を調査する係（SPECIAL SECTION）等が入っていた。これらの係は二世の軍人がチーフとなっており、従事する日本人も語学堪能な上級者やベテランが配属されていた。人事係はこのどれかの部署に入るように勧奨してきたのである。基本給も語学手当も大幅にアップするというものであった」

これら特殊な係を担当した日本人は少なかったせいか、あるいは機密性が高い部門での経験は秘匿しなければならなかったのか、入り口のスカウトの様子、仕事内容とともに記憶し、公表したのは浅川くらいである。彼は在籍していた東京大学の授業、ゼミナールの出席のために、この話を断って1年そこそこで退職したらしい。

職員の健康管理は非常に行き届いていて、定期検査で少しでも異常があれば、勤務時間内に、広尾の都立病院で精密検査を公用で受けられたと、他の検閲者が語らない証言もしている。ちなみに浅川は卒業後に逓信病院に勤めた（「進駐軍の郵便検閲の思い出」『逓信協会雑誌』２００９年６月号）。

「翻訳の仕事」のはずが

杉山均は、1946年3月のある日、軍服姿のまま東京駅に降り立ち、新聞広告を頼りに丸の内のアメリカン・クラブを訪ねた。受付の2世軍属に、通訳希望と伝えると、今日は通訳の要求が来ていない、翻訳の仕事ならあるという。それで結構、と返事をすると、直ぐ2階に上がりなさい、試験をしますと言われた。

1階には労務課（Labor Office）があり、杉山の職場は東京駅前の中央郵便局3階、給料は翻訳職で月額700円と決まった。当時大学卒の公務員の初任給が300円、教職員200円という頃で、連合国軍職員の中では顧問（Advisor）に次ぐ最高給であった。即日、指定された中央郵便局の職員通用口から3階に行く。ここで職務の内容が郵便の検閲と翻訳であると聞かされる。正式な部署名は連合国軍総司令部民間情報局民事検閲部（Civil Censorship Department, Civil Information Section GHQ, SCAP）で、職務内容については、一切口外せぬことを宣誓させられたあと、検閲項目を詳細に記載したガイドブックの冊子を渡された。職場は広い3階の全フロアが充てられていて、500名程の検閲・翻訳員（Examiner-Translator）が仕事をしていた。

これらの情報を一種の世論調査として利用し、タイプした文書をGHQの六十余の部課に印刷配布していた。ＧＨＱとしては、こうした新聞に出ない国民の声を集約して吸い上げ、検討した結果、天皇制存続という方針決定に至ったと考えられる。当時は、新聞・雑誌・映画演劇の脚本その他、あらゆる刊行物はＮＨＫの放送会館で別に検閲を実施しており、また大阪と福岡でも郵便検閲が行われ、更には Information Clerk と称する情報員が、市内を歩いて情報を収集していたという。

さすが米軍だけに、給与は完全な能力給で、老若男女を問わず同一試験に通ったものは一律同一賃金。成績により進級すれば賃金もスライドするというシステムで、当時の日本では極めて例外的な処遇であった。

しかし何しろ憲法で保障されている「信書の自由」を、占領軍の権威とはいえ、敢えて侵している仕事に対して常に精神的な抵抗があり、給与の多寡はともかく、いずれは日本企業の正業に就かなければと思うようになったという（杉山均「私の終戦直後秘話」『三飛会誌蒼空』陸軍航空輸送部第三飛行隊〔第16号〕）。

有名推理小説家たちも

推理小説で名をなした鮎川哲也（１９１９～２００２）は、拓殖大学在学中に病気となり、東京中央郵便局で検閲のアルバイトをしていたが、「例の悪名高き信書の検閲をするところで、朝から晩まで他人の封書を開けては中味を読むといううしろめたい仕事だった」と回想している（三國隆三『鮎川哲也の論理――本格推理ひとすじの鬼』１９９９年）。

同じく推理小説家であった妹尾アキ夫（１８９２～１９６２）の娘は「父はその検閲やら、翻訳を天職と考えていたようです。仕事を抜きにすれば、楽しくしていました」（若狭邦男『探偵作家追跡』２００７年）と回想している。

作家の安岡章太郎（１９２０～２０１３）は、自らは検閲者にはならなかったが、母校・慶応大学の、進駐軍でアルバイトしている学生仲間から、その内情を窺い知ることが出来たようでかなり冷静に観察していた。

「もし下山国鉄総裁が労組員の怨恨で殺されたのだとしたら、下山総裁のうしろにいて事実上国鉄を支配していたシャグノンとかいう米軍中佐のことはどうして放っておくのだろう？　下山総裁に十万人の首切りを厳命したのがＧＨＱの鉄道監督官であることは、新聞を読んでいれば誰にでも察しがつくことだし、まして労組員たちなら知

らないはずはなかっただろうに……。それなのに、この中佐に対しては暗殺計画はおろか、脅迫状が届いたというウワサもないのは、なぜだろう？

いや、そういうウワサが仮に流れていたとしても、当時の日本の新聞にはそんなことが出るはずはなかった。占領以来、表現の自由をまもるということで、○○や××など、伏字は一切許されないことになっていたが、進駐軍を誹謗したり批難したりすることは、これまた固く禁じられていたからだ。検閲は新聞雑誌などばかりではなく、僕らの私信にまで及び、封書はしばしば開封されて、その場合は封筒の切口に“OPENED BY CCD”と書いたセロファンのテープが貼ってあった。もっとも検閲をするのは大部分が学生のアルバイトで、ハウス・ガードをクビになったり、やめたりした連中が、よく中央郵便局で手紙の検閲係に雇われていたから、彼等の仕事振りの実情を知っている僕らは、それほど恐ろしいことがおこなわれているという気はしなかったけれども……」（『僕の昭和史②』１９８４年）

３　肯定派

心理的抵抗を示す日本人ばかりがいたわけではない。

後に、その母の仕事をついで、箏曲で名をなした野村正峰（1927〜2011）は、

「とにかく働かねば、と思っている時、新聞広告で進駐軍が翻訳要員を求めていると知った。英語は中学で一年習っただけ、幼年学校はフランス語、士官学校はロシア語と中国語の片言だけ習ったという語学キャリアでいかにもこころもとなかったが、泥縄そこのけの勉強とちょっとした要領で、この職場にもぐりこみ、週休二日、給料は時間給という好条件の当時としては給与水準もかなり高い仕事にありついた。妹と弟はまだ就学中であったし、父が失業中であったこともあって、一家を双肩にになっているという実感で働いた」（野村正峰『琴と共に五十年　野村正峰随筆集　時は流れて』1995年）

という。彼の文章には、特に仕事内容についてネガティヴな記述は見られない。彼はCCD閉鎖まで勤めて失業の憂き目にあった。

怖い機関とは思えない

文芸批評家で作家の進藤純孝（1922〜1999、日本大学芸術学部教授）は、一高を卒業した年、1945年3月、東大の倫理に入ったが、旬日ならずして、兵役の義務に参じなければならなかった。終戦となり、立川のモータープールで通訳をやったり、東京裁判で翻訳をやったり、中央郵便局で手紙の検閲をやったり、1円でも賃金の高い口を求めて働いた。学校に出てゆくのは、試験の時だけだった。アルバイトというよりも、もっと切実に食うことだけを考えていた。それでも、まあ卒業ということになって、現在の職に就いたと書いている（進藤純孝「炎の中の死」『近代文学』1955年1月号）。

ロシア・ポーランド文学者の工藤幸雄（1925〜2008）は、江藤淳がCCDを目の敵にしていると批判し、「短期間（引用者註：1946年）ながら、実地に仕事に携わった人間から見れば、そんな怖い機関とは思えない。闇取引の打ち合わせ、進駐軍の施政に関する批判などを郵便物から拾い出して、重要部分を訳出すれば、それで役目は終わった」という。多摩美術大学で同僚となった美術評論家の佐々木静一や、翻訳家の武富紀雄（日大商学部）がCCDで仲間であったことを知り、当時のことを懐かしく語り合う飲み友達となったという（工藤幸雄『ぼくの翻訳人生』2004年）。

作業のディテール

平尾基彦は終戦の翌年、空腹を抱えながらも活字に飢え、神田神保町で古本を探していた折、静岡商業（旧制）時代の恩師に偶然出会い、民事検閲局の存在を知り、現在の東京中央郵便局で検閲業務に携わるようになった。

当時は多くの人々の御好意と御世話になりながら、全くそれと気付かず「犬も歩けば」式の偶然に頼って、明日をも知らず呑気に暮らしてきたという。

検閲局では簡単な筆記試験を受け、最初は郵便局の3階で、階下の局から送られる郵便物をアルファベット順に分類し、仕分けする準備部門で過ごし、此処の部門チーフだった韓国人の楊順圭氏の紹介で、前回より難しい試験をパスした後に mail examiner（郵便検閲員）に昇格し、17頁の写真のような一般検閲係の大群の中の一員となった（CIS－5400には平尾が48年5月19日に事務職から初級検閲者に昇格し、給与が1673円から1882円となった記載がある）。

この一般検閲係では12～13名ぐらいの人々が対面して、官庁や会社のように課単位で組み込まれていた。監督官と称する日本人中間管理職の下で、重要事項指示書（Key Logs）と呼ばれる、表紙に Subject Matter Guide と書かれ、Fact と Information についての注意事項が何頁かにわたって書き込まれた冊子2冊を渡され、この事項に該当した手紙の内容を見付けた時には翻訳して、コメント・シートと書かれた紙に清書してDACに手紙と共に提出した。

此処では全く男女同権で、連合国国籍の軍属、民間人と同様に検閲監督官にも多くの女性職員が働き、男子職員を指揮していたのには、短期間ながらつい1年前まで旧陸軍兵舎で女っ気なしの生活を強いられてきた平尾には、これらの機会均等の労働環境は極めて奇異であり驚きでもあった。

ハワイ生まれの2世女性が腕捲くりして、男性の間を活発に動き回る光景を、全く異なった世界からの存在として、非常に眩しく感じられたことが印象的であった。辛うじて職にあり付いたものの、学校英語ではかなりハードルの高い業務であったが、周囲の同僚（と言っても余りお喋りも出来ない仲間）も皆一様に翻訳には苦労しているようでホッとしていた。ただ仕事上の相談や愚痴話が許されない生活には毎日疲れていたと語っている（平尾基彦「米占領軍による民事検閲」一橋大学法学研究科修士論文、２００５年）。

同じCCDであっても、地域によって環境が異なったのではないか。そう指摘するのは神谷不二（1927～2009、国際政治学者、慶応大学教授）である。神谷は晩年、江藤淳らと定期的に会っていた。彼の本で刺激を受けたという。ただし、江藤とスタンスはかなり異なる。

地域差の存在

「甲斐さんは、CCDへ勤めることになったとき、『アメリカの犬』になったと自覚されたという。私にはそんな悲壮な思いは全然なかった。むろんとくに誇らしい仕事とは思わなかったものの、他人に内緒にせねばならぬと深刻に悩んだことなどはなかった。なお、この本から察するところ、名古屋のCCDが万事大らかムードだったのに比べて、福岡はきびしい空気に包まれていた。その差もあったのかもしれない。

江藤さんの本は調査分析の行届いた緻密な作品で、いわばアメリカの検閲に対する峻厳な告発の書であり、寸鉄人を刺すごとき筆致がいたるところで感じられる。ただし、著者は、進駐軍による検閲を何かあってはならないことが行われたように受止め、進駐軍が秘密裡に画策した悪辣きわまる対日マインドコントロールであったかのごとく描く。その基本的なところに私はいささか違和感を覚えるのである。

検閲なるものがそもそも正統性に種々疑問のある施策ではあるにせよ、進駐軍が日本でそれを行ったのを格別悪辣な仕業ということはできないのでないか。

同じ検閲といっても、江藤さんの理解と私の体験の間には大きな相違があったのは否めない。彼の糾弾してやまなかったのは主に「プレスコード」、すなわち新聞、雑誌、書籍、放送などへの事前検閲と言論統制であり、対して私のCCDは、GHQが占領政策や進駐軍の動静に関する日本人の世論を知るための手段のようなもので、言論思想統制の具ではなかった。またそれは、戦時下日本当局が同胞に対して行った検閲ほど隠微なるものでもなかったと思う」（神谷不二「検閲官体験と江藤淳さんのこと」『諸君！』2000年7月号）

内部機密漏洩の楢崎弥之助の解雇

楢崎弥之助（1920～2012、元衆議院議員）は、ロッキード事件やリクルート事件の追及で「国会の爆弾男」との異名をもった。彼はCCD検閲に関わったことを隠していないどころか、当時の体験をあけすけに語っている。

「一九四六（昭和二十一）年の初め、まだ二十五歳だったと思います。旧制福岡高校時代からの親友佐伯五郎君も宮崎の陸軍基地から復員して仕事を探していたので誘って検閲支隊に出向きました。支隊の拠点は福岡市天神にあって、博多駅の近くでも、接収した建物二棟を使っていました。同じような仲間が約百人。旧制中学の英語教師をしていた人などが通っていました。仕事はその日の新聞などの、指示された個所だけ英訳すること。手紙も英訳させられました。封を切って翻訳した後はまた元に戻し、「検閲済み」という意味のゴム印を押しました。連合軍は、民主化が進んでいるか、反連合軍的な動きはないか、などを探りたかったようです。翻訳担当者といっても身分はアルバイトみたいなもので、給料は高くなかったけど、仕事があるだけありがたかった。なにより自由な雰囲気がよかった」

（岩尾清治『遺言・楢崎弥之助』2005年）

ところが彼は、職場で話題になった新円切り替えの経済情報を、記者に軽い調子でしゃべったため、勤務上知りえた情報の口外漏洩という職務違反でCCDをクビとなり、勤務半年で無職になった。守秘義務違反解雇での刑事事件にはならなかった。

先生の転向

金井慰子《やすこ》（主婦）は、女子学院高等女学部を経て、東京女子大学外国語科に入り、中央郵便局での検閲を行った。その職場で女子学院時代の西洋史の女性教諭と会った事を書いている。その教諭は女子学院時代、授業のたびに、「あなたはまだ英語科を受けるつもりですか」と金井に聞いて、彼女をいじめていた。

「先生とばったり再会して驚きました。戦中は鬼畜米英の世論に乗って、あれほど英語教育を咎めた人が、敗戦後はころっと宗旨変えして、占領軍にすり寄っていたのです。私にした仕打ちもすっかり忘れたのか、平然と寄って来て、自分の仕事ぶりがいかに優秀で上司に認められているかを、自慢気に話していました。生きていくために仕方がなかったのかもしれませんが、あまりにあからさまな態度の転換にびっくりしました」

「中央郵便局で手紙の検閲の仕事をしました。ＧＨＱのアメリカ人が検閲するために手紙を英訳したのです。当時は就職口が少なかった上、GHQの仕事は報酬がよかったので、学生アルバイトもたくさん来ていました。手紙は一通ずつすべて開封しましたが、全文を英訳したわけではありません。思想に関すること、闇物資に関することなど、GHQが作成したチェック項目があり、それに触れる内容の部分を英訳したのです。ここで仕事をしたのは、一年足らずの期間でした。中央郵便局を辞めた後、英国系の企業に就職しました。半年ほど勤めた頃に縁あって結婚して退職。その後、英語塾の講師を頼まれ、小学生一〇名、社会人三〇人（夜間）に対して、週五日間、一年ほど教えました。また自宅でも中学生、高校生を対象に英語を教えていました」
（堀江優子編『戦時下の女子学生たち――東京女子大学に学んだ60人の体験』２０１２年）

ビジネス界での数多くの体験者

あまり深くは語っていないものの、検閲体験を告白しているビジネスマンは少なくない（肩書は、掲載当時）。

児島英一（近畿日本ツーリスト社長）は「戦後、GHQの民間検閲局でアルバイトした金をはたいて路傍でマンドリンを買い求めた」（「随想私と趣味　音楽とは感動を求める心」

『経団連月報』1990年6月号）と書いている。

池田早苗（東海観光社長）は、1921年生まれ、一橋大に1946年復学し、「学資稼ぎに始めたのが、東京中央郵便局でのアルバイトです。当時GHQが手紙を検閲していて、不審な手紙については調べていた。その翻訳の仕事を東大や東京商大、津田塾の学生が駆り出されていたわけです。私は英語が得意な方でしたので、仕事は楽でしたね」（『財界』1985年12月17日号）と述べている。

川田隆（三井信託銀行）は、終戦で廃校となった陸軍経理学校から一橋大学に入学した。

「昭和二十年九月三日午前、暑い日だった。（中略）栄光の陸軍経理学校生徒隊の終焉である。思えば、四十倍の超難関入試を突破、昭和十九年二月二十五日入校。密度の高い日々であった。国分寺駅まで終始無言で歩いた。

十月中旬、東京商大予科転入学の試験があり、二学年に合格出来た。筆記試験はなく、口頭試問と英文を音読、意訳すると云うもの。合格者は在校生より多かった。軍出身学徒の一割制限があることは知らなかった。特別な取り計らいをしてくれた学校当局の英断には最大級の感謝あるのみ。ただ、在校生は相当頭に来た事だろう。『ゾル』という蔑称が流行した。電車の中で下級生の『彼奴等は無試験だ。云々』と声高な会話を聞いたことがある。口惜しかったが、ここは唯、忍の一文字」

(「自分史——この六十年を回想して」『旭松陸軍』2005年)

この頃から、インフレの直撃と父の軍人恩給停止等々で家計は破綻。以後アルバイトに専念した。入所には簡単なテストがあった。当時の言論統制は戦時中より厳しく、信書は悉く開封された。国益を損なう行為で、当初は胸が痛んだが、段々、慣れっこになったという。

川田は『Intelligence』誌の座談会でこう発言している。

「CCDでどういう文章を翻訳したかということですが、要するに英文にする項目は政党の動きが一番問題ですよね。党員の活動状況。復員軍人の動き。復員軍人がほんの小さなクラス会をしても、見逃したら駄目なんです。必ず報告しないと。私のクラス(引用者註:陸軍経理学校)の男が、大阪なんですけどね、クラス会を六甲山で集めてやったんです。危険な集まりではありませんが、ひっかかった。クラス会の知らせの郵便をＣＣＤが翻訳したんです。当局に翌朝寝こみを襲われて、連れて行かれちゃいました。そこで猛然反発をしましたら釈放してくれました。復員軍人の動きも報告しなければいけない。海外引揚者も大変なんですよね。満洲引き揚げも始まったし、ソ連から抑留者の手紙が纏まってきました。そこに書いてあることがみんな同じ文章なんですよ。粗末な葉書が、粗末な用紙でね、それが50枚ずつきまして、全く同じことが書いてあるんですよ。強制されている連中です、かわいそうです。それでどうしましょうかと監督官に相談したら、結局その中の一枚を抜いて、全文を訳せと言われまして、葉書ですから簡単なんです。同じ文章ですから、一つだけ訳して報告しました。それから、食糧事情。これが一番多いです。闇取引、ブラックマーケットは全て訳します」（「座談会・ＣＣＤで郵便検閲者だった青春」『Intelligence』20号、２０２０年）

学校には土曜日と、週１回休みを取って通学した。半年くらいのつもりが、１９４９年10月、閉鎖になるまで続けたという（前掲書）。

コンビニの学生アルバイトと同じ

道正誠之《どうしょうまさし》（1924〜2019、三井信託銀行）は、旧制福岡高校（現・九州大学）3年在学中に陸軍徴兵され、繰り上げ卒業。陸軍軍曹で終戦を迎えた。1946年4月、東大法学部政治学科に入学するが、父親の軍人恩給停止で無収入となったため、休学して福岡の自宅に戻り、学資をためることにしたという。

終戦直後の11月、『西日本新聞』の翻訳者募集の広告を見て、常磐生命ビルにあったCCD事務所を訪ねた。日系2世の軍属の面接があり、和文英訳の試験を受け、すぐに採用された。実際45年末の名簿に、彼の名前は楢崎弥之助と並んで出ている。翌年東大に合格したのでCCDを退職したが、東京での生活は経済的に難しく、ひとまず休学し、福岡に帰った。CCDは彼を再雇用した。

その後、1948年3月までの1年3〜4カ月、福岡CCDに勤めた。中学時代から、戦時中も英語の授業を受けていたので、翻訳も苦労しなかった。職種には、検閲だけで翻訳しない者がいた。九大教授が特別嘱託として無試験で採用されていたし、彼らの夫人も検閲者になっていたという。採用時2日程度、講習を受けたが、その後はなし。家からの通勤時間は徒歩30分で、通勤手当なし。初任給は500円以上であった。

当初は常磐生命ビルという小さな建物だったが、後に千代田生命ビルという大きなところへ移った。班（ユニット）は7～8名で、検閲者番号やスタンプを持っていた。班には九大の学生が多かった。女性はごくわずかで、福岡県女子専門学校（現・福岡女子大学）が目立った。監督官は日系2世の下士官が多く、まじめで優秀そうだった。白人は少なかった。

検閲手紙の数は相当多かったが、数字は覚えていない。ノルマはなし。勤務時間は9時から17時までで、昼休みは1時間。検閲項目（チェック表）は物価、町のうわさなどであった。翻訳作業は開封→翻訳→検印→テープ封で、チェック表にある文面の手紙は翻訳し、とくにないものは、テープで封をして返却箱に入れた。

昼休み以外には休憩時間はなかったが、トイレは自由だった。

学校に通っていなかったので、フルタイムで働いたが、他の学生は授業に出るために遅刻したり、早引きしたりしていたので、その時間は給与計算のためにきちんと管理されていた。東大に復学してからも、福岡に帰省した時、ＣＣＤで臨時アルバイトをしていたが、自分を含めアルバイトらは、時給の高いところを選んでいただけで、特に学生はＣＣＤで働くことにためらいがなく、現在のコンビニのアルバイトと同じように出入りは激しかった。自分自身、ＣＣＤの勤務の選択に拒否感がなかった。甲斐弦のように売国行為と見る意識はまったくなかったという。

昼休みにダンスがあり、日本人の参加も許されたが、自分は参加しなかった。サークル、ピクニックはなかったが、同僚には福岡高校の先輩がいたので、彼らとの私的交流はあった、と語った（子息・道正健太郎に依頼したインタビューに筆者のインタビューを加筆）。

４　女性の大量進出

戦中のアメリカ検閲局で、

「注目すべき点は、検閲係の圧倒的多数が女性だったという事実である。女性には検閲係として男性よりすぐれた適性がある、という『伝統的』評価に加えて、現実に極度の細心さを要する反復作業に女性が威力を示したためであった」（江藤前掲書）。

アメリカでの、戦時検閲体験に基づくノウハウが導入されたＣＣＤの検閲現場では、同様に女性検閲者が多数採用されていた。

平尾基彦は先の証言で、まったく男女同権であっただけでなく、監督官にも多くの女性職員が働き、男子職員を指揮していたことをあげていた。

1948年6月の『連盟情報』第2号によれば、PPBの職場組合員の男女比の構成は男性750人(68%)、女性350人(32%)となっている(プランゲ文庫VH3-R48)。1948年12月のCCD調査では、総日本人検閲官2220人の中1639人を対象とした生年月日調査で、男女の区分けが手書きでなされている。その中で女性は569人と35%を占めていた(CCD, Birthday of Japanese Nationals, 1943.12.30, CIS-7281-2)。

先に紹介した渡辺槇夫はこう見ていた。

「米国人に対する多少の反発は、かえって良い力を私にくれました。馬鹿にされないように懸命に働きました。中学校と慶応の予科で学んだ英語が果たして通用するのだろうか。CCDは既に完全に男女同権。男女の扱いは平等で、英語の達者な津田塾や東京女子大その他の英語力を持つ女性は勿論、男性も、どんどん階級が上がって行くが、標準的日本式英語力しかない男は、年齢が上でも、その女性の下につかなければならない。聞くところによると、上記の女子大など英語教育の程度が高い学校には、CCDのほうから求人が行ったそうです。手紙を読んで、指定された問題を見つけたら翻訳してDACに出すのですが、問題を捉えるのが上手くても、良く分かる英語に直せなければ此処では役に立たない。広い仕事場を見渡すと、若い女性がＤＡＣの椅子に坐っているセクションが幾つか見えました。既にここでは女性の方が元気良く呼吸していたと思います。私も、やはり、かなり悔しい思いもさせられましたが、初級職から上級職まで上がることができました。それで新聞社に就職をしてみると、最初の月給はＣＣＤのほうが高かったのです」（「渡辺証言」）

渡辺のいうＣＣＤから女子大学への大量求人は、次の西尾実の証言でも裏付けられる。

「たしか、昭和二十年の秋であったと思う。そのころ、東京女子大学で学生課長を兼ねていたわたしは、ある日、中央郵便局の何階とやらに陣どっていた、信書検閲の責任者だというアメリカの大佐某の訪問を受けた。用談は、英語が読めたり書けたりする人を、百五十人ほど推薦してくれないかということであった。サラリーがいくら、勤務時間がどれほど、休み時間がどれだけというような簡単な話であった」（西尾実『日本人のことば』岩波新書、１９５７年）

女子大生検閲官の最初の証言

横山（磯岡）陽子は、日本女子大学在学中の1947年1月にＤＰＳ（郵便部門）に入り、1948年末に結婚のため退職した。彼女は学費捻出のためにここで働いたが、1年早く勤め出した渡辺を追い越す待遇を得ていた。甲斐弦よりも2年早い1993年に、自身の検閲官体験を告白した書籍『鎮魂の花火輝け隅田川』（朝日カルチャーセンター）を自費出版した。

「年配の人は決して忘れてはいないであろう。あの開封され、検閲済のスタンプの押された手紙が配達されていた頃のことを。大抵の人は、それは占領軍の日本語に堪能なＭＰ（Military Police：憲兵）か誰かが検閲を行っているのだろうと思っていたのだろうが、実際は日本人によって行われていたのである。私はアルバイトを探して偶然に得た仕事がそういうものであると知って驚いたが、比較的高給であったので、一年に十倍にも跳ね上がる学資の捻出と家計の足しにと、目をつぶって働くことにした。

仕事を始める日、係の日本人から、『この仕事のことは絶対に他言してはならない。何故ならこれは日本人同士の裏切り行為と思われて、あなたが辛い思いをしなければならなくなることを恐れるからだ。実際は裏切りどころか日本人のありのままの姿を知ることにより、マッカーサーがよりよい占領政策をとることができ、疲れ切った日本人の生活を向上させるのに大切な仕事なのだ』と言われたのを覚えている。

仕事は中央郵便局に集まる郵袋の中から無作為に取り出された郵便物を手分けして読み、内容によって分類し、英語に翻訳するのである。日々の暮らしの有り様、物価の動き、共産主義に対する人々の考えや動き、占領政策に対する批判または感謝、占領軍の人々と日本人の交流の実態など、実に多岐にわたって当局の示したリストに該当するものを選ぶ。出版物や印刷物は別のセクションで検閲する。後のものは担当した人の番号の入ったスタンプを押しOPENED BY MIL, CEN-CIVIL MAILSと記したセロハンテープで封をして再び郵便局へもどすのであった。

その検閲局には随分多数の日本人が働いていたにもかかわらず、今に至るまでそのことについて語るのを聞いたことがない。それは、各々の心のなかに生きんがためとは言いながら『裏切り行為』をして生き延びた後ろめたさが付きまとうこと、そして年月がたつにつれてそのことの重い意味がずしりと胸にこたえるからだと、私はおもう。

仲間達は大学生が圧倒的に多かったが一般の人々、復員した人々も大勢いた。生き字引のような星さんという人が資料室にいて、判らないことを聞きに行くと、何でも即座に教えてくれた。偉い学者の世を忍ぶ仮の姿だったのかもしれない。元憲兵だった人がいて（そのことは、米軍には知られてならないことだったのに、どうまく隠して就職したのか）、そのめざましい働きぶりは目をみはるばかりで、アメリカ軍人の上司のお覚えめでたかったことはとても印象的だった。数年後、そこが閉鎖された後、戦後の日本が目覚ましく復興するのに大きな力になった人々も多い。今思えばあの機関は、当時の老若の優秀な教育程度の高い人々が多く集められていた。私は、学校を抜けだして仕事に駆けつけたが、学校で習う何倍ものことを教えて貰えたと思う。

ここで私は二年たらずを学生と仕事の二股かけて精一杯生きた。夜は音楽学校の選科で音楽を習ったり、都民合唱団の一期生としてコーラスを学んだりした。若さとは恐ろしいくらいバイタリティーに富んでいるものだと、我ながら驚いてしまう。

今になって私が敢えてこのことを口にするのは、人々の知らないうちにこのようなことが行われる、これも戦争と言うものの一面であることを人々に知ってもらいたいと思うからである。そのことが〝いつか来た道〟をもう一度歩む愚をふせぐことの一つに繋がると思うからである。それから、戦後の皆がなりふりかまうひまも無かった時代に、若すぎた私だったとは言うものの、そういう仕事に就いていたこと、毎日三百通もの郵便物に目を通し、つまりそんなにたくさんのひとの信書の秘密をおかしたことを、お詫びしたいと思うからである」

津田塾大生の活躍

東京の女子大の中で最も検閲者が目立った津田塾大学史には、1945年時の特記事項として次の2つのことが特筆されている。

○終戦後全国各地で卒業生多数進駐軍通訳として活躍
○在校生は郵便検閲のアルバイト

（『津田塾大学100年史 資料編』2003年）

クック小林やよいは日系2世で、終戦前にその津田英学塾を出た。小林によれば当時、津田の卒業生の初任給は、男子大卒の初任給と同じくらいの給料で、他の女子大卒よりもずっとよかったという。彼女は、教職よりも交通公社や貿易会社に就職したいと思っていたが、終戦を迎え、日本の経済状態はめちゃくちゃで失業者が多く、仕事などなかなかないから、多くの日本人同様、駐留軍に仕事を求めた。

「当時、東京駅の前から有楽町にかけて、随分、三菱会館が並んでおりまして、その中の一つにアメリカン・クラブというのがありました。その反対側にプレス・クラブ（外人記者クラブ）がありました。アメリカン・クラブは多分昔からアメリカ人が集まるクラブだったらしいですよ。そこの建物を東京軍政部が占めまして、その軍政部の中にはいろいろな部がありましたが、その中に労働部というのがありまして、そこに行きますと、いろいろ駐留軍関係の仕事を与えてくれるんです。日本の人たちは、皆駐留軍関係の仕事を見つけにそこに行ったんです。私もそこに行きました。

一九四六年の三月、東京に求職のため出ました。そしてアメリカン・クラブに行きましたら、放送会館の六階にＣＣＤ（民間検閲部）という部があって、そこで仕事をもらえたんです。

皆、紹介というのではなくて、労働部へ行けば何か駐留軍関係の仕事がもらえたんです。とくに津田の卒業生というと目をつけられていたみたいですね。就職申込書に津田塾卒と書いたら、駐留軍の係の人が『ああ、また津田の卒業生が来た』と言って、すぐそこからCCDの試験場に送られました。試験を受けましてから、四六年の四月からCCDに勤めることになったんです。

日本の新聞の解説欄を英語に翻訳する試験で、その試験の結果によって初級翻訳官と上級翻訳官を決めたらしいです。私は上級として最初は新聞の検閲部に入れられました。そこに二十人くらいいましたでしょうか。私のほかに二人、津田の卒業生がいまして、一人は私の同級生の有馬スミ子さん、もう一人は一級上の人でした。若いというと私たち三人ぐらいで、後は四十五歳から五十歳くらいの男性の人でした。

翻訳官たちはほとんど日本人でした。二世といっても日本で教育をうけた二世で、アメリカから直接来た二世は、日本語の力が十分でないので、ほとんどが日本人、または日本で教育を受けた二世でした。翻訳をする日本人には大学の教授が多いようでしたね。そのほかに貿易関係の方、外交官などが多かったと思います。

新聞と雑誌と本とピクトリアル・セクション（演劇班）が放送会館六階の部屋を占めていました。ピクトリアル関係の方は、いつもどこかに出かけて映画の検閲をやっていたようです。六階全部を占めていました。

私が試験を受けに行った所に、ＣＣＤ全体の、人を雇ったり試験をしたりする所があったんですよ。そのＮＮＫＫ（日本燃料機ビル）で皆試験を受けました。それから放送会館からずっと新橋に行く途中に大きな建物がありました。そこに事務をとっている人たちが大勢いました。二世の男の人とかアメリカ人の女の人などがおりました。

十月にアメリカの市民権がとれたという知らせがきたんです。そうしますと今度は軍のシビリアン（文官）として仕事がもらえるんです。

駐留軍に勤めている外国人というのは、韓国人、中国人、それからイタリア人、ドイツ人、それに私どものように市民権をとり戻していないアメリカ人、つまり日系アメリカ人、二世です。そういう人はフォーリン・ナショナルという立場で雇われたんです。フォーリン・ナショナルというと日本人より少し給料が良いんです。だから市民権をとり戻すまではフォーリン・ナショナルとして働いていたわけです。こういう人たちは住む所は与えられませんでしたが、食事だけは、向こうで食べさせてもらえたんです。栄養のあるものを……。

――放送会館の中にそういう特別な食堂があったわけですか。

いえ、第一生命ビルの中に皆、食べに行ったんです。ちゃんと券があって、バスでそこへ食べに行ったんです。広い食堂がありまして、大きなお盆にいっぱいご馳走をのせてもらって……。本当に日本の人には悪いみたいでした」

（クック小林やよい「聴きとりでつづる新聞史」『新聞研究』１９８４年1月）

新聞と郵便、両方の検閲の体験者

次に、直接筆者が行った、検閲官経験者へのインタビューをご紹介したい。

塙（旧姓・湯川）光子は、津田塾大学を卒業後、１９４５年10月から東京郵便局で郵便検閲に従事していた。

——どのようなきっかけで仕事を始められたのですか。

「津田塾に行っておりましたが、１９４４年9月に繰り上げ卒業となり、何もしないでいると徴用されてしまうので、父の知り合いの紹介で、海軍省教育局で仕事を始めました。英語を生かせる仕事かと思って行ったのですが、教育局では名簿の整理でしたので、これではつまらないと思い、次に局長の紹介で軍令部の翻訳課に行きました。

こちらはインフォメーションをとる仕事でしたが、終戦となり失業します。当時は渋谷に住んでおりまして、東京がどうなるかわからないので、妹と一緒に一カ月ほど福島に行きました。

東京に戻り仕事を探し始めた時に、先輩から中央郵便局にいくとアルバイトがあると聞いて、すぐに行って採用されました。1945年10月頃のことです」

——そこでは面接とか試験があったのですか。

「いいえ。何にもありませんでした。住所と氏名を書かされたくらいでしたかしら」

——学生証とかを見せたわけですか。

「いいえ。身分証明書などというものは持っていませんでしたし、本当にすぐに採用になったのです。

郵便検閲と言っても、始まったばかりということもあったのか、手紙の中のインフォメーションを集めている感じでした。仕分けされ開封されたものを受け取って読んで、伝染病・エピデミックス、衛生関係などに気をつけたくらいでしょうか。手紙を閉じた覚えもありません。

教室のような部屋にテーブルを囲んで座っていまして、10人くらいのグループに分かれていましたが、男女の別はありませんでした。スーパバイザーがアメリカ人、アシスタントが外国人、フランス人だったと思います。このフランス人がやけに親切で、話しかけてくるので気持ち悪かったですね。ピリピリした感じはありませんでしたが、この仕事も英語力が生かせないこともあり、つまらない仕事でした。

1カ月くらいたったときに、やはり先輩からラジオ東京に行くと仕事があると聞き、すぐに行きました。こちらは試験がありました。翻訳の試験です」

――仕事場は、ラジオ東京の4階ですか。

「ラジオ東京の6階です。4階に友達がいたんですが、CIE（民間情報教育局）が入っていました。6階にCCD・PPB（プレス・映画・放送部門）がありました。私はプレスの新聞にいきました。先輩がピクトリアルにいました」

――市政会館でも、やっていましたか。

「私が辞める頃に、日比谷でもやるらしいと聞いたように思いますが、はっきりは覚えておりません」

――勤務はどのようなものでしたか。

「勤務時間は午前9時から午後5時、昼休みは1時間、土曜日は半日です。毎日、勤務表に時間を記入していました。

大きな部屋で、緊張感がありました。お給料をもらって英語の勉強をしているようなものです。大学を1年前に卒業させられていましたから、この時期に英語の力が大分ついたと思っています。とても楽しく過ごしておりました」

――一日のノルマはありましたか。

「ノルマはありませんでしたが、とにかくまじめでした。みなさん生活がかかっていましたから……。最初のボスは白人の将校で、それから次にきた女性はワック（Women's Army Corps：米陸軍の女性隊員）というのですか、ハワイの二世でした。その上にフランケンシュタインとあだ名された女性がいて、常に見回っていましたが、見ているだけで、急げとかはいわれませんでしたね。いやなことは何もなかったですね」

――郵便の検閲部門などでは、わざと問題のあるものを渡してチェックをするとか、見逃すと首にするということもあったと聞きますが、そのようなことはいかがですか。

「なかったと思います。ファイヤード（解雇）された人がいると聞いたことはありますが、それは何か悪いことをしたらしいとの噂がありました」

——職場にはどんな方がいましたか。

「外語大の出身の人が多かった。ほかに、慶應・早稲田の学生、年配の方では大学の先生をしていた方がいました。といっても噂で、あの方は大学の先生だったんですってよ、といった感じです。女性は少なかった——津田の後輩の有馬スミ子さん、東京女子大、日本女子大の人、外国から帰ってきた女性がいました。有馬さんは、お父様が外務省のリエゾンオフィス（連絡事務局）にお勤めだったように記憶しています。東女の方は姉妹で来ていました。ユキ山本という二世の方は、日本語の勉強のために日本へ来ていて、国文科で学ばれていた学生でした」

——手書きで訳したものをスーパバイザーが添削して、それをタイプするわけですか。

「はじめタイピストはいませんでしたが、部屋が移ってからはタイピストがいました」

——仕事中の私語は禁止だったんですか。

「いいえ。禁止というわけではなかったと思いますが、何しろ一生懸命でしたので、仕事中はおしゃべりはあまりしませんでした。わからないことがあると、訳語の相談を大学の先生にしたことはあったように思います。そうですね、昼休みに少しはしゃべったかしら、お互い大学とか名前くらいは聞いたと思います。早稲田の学生さんで、後にどこかの会社の偉い人になっていたのを新聞で見た覚えがあります。

私は、週2回アテネ・フランセに行きたかったので、ボスに交渉して、アテネ・フランセに行く日は、1時間の昼休みを15分間短縮して、お弁当を食べたらすぐに仕事を始めていました。それで15分早く切り上げて早い授業に飛んで行っていました」

――新聞のゲラには、Hold（保留）・Suppress（公表禁止）・Deleted（一部削除）などの判が押されたものが、回ってくるわけですか。

「いいえ、何もついていませんでした。スタンプはありません。手元には Hold のものが回ってきたと思いますが、確かではありません。何もついていませんでしたので、どこの新聞かもわかりません。

Examiner（試験官）――英語はしゃべっていませんでした――がいて、問題かどうかの判断をしていたのかもしれません。リベンジとか『忠臣蔵』のようなものが Suppress になっていました。英訳した新聞のその後の処理についても知りません」

――それは、聞いても教えてもらえなかったかもしれませんね。郵便検閲の体験者は今までにも記録がありますが、新聞部門は体験者の証言が少なく、わからないことが多いのです。ほかの職場の様子は、どのような感じでしたか。勝手に動き回ってはいけないとかの制限はありましたか。

「制限を受けたことはないように思います。というのは、確か、ラジオ東京の当時の『のど自慢』の予選を見学にいったことがありましたから。でも他所のことはほとんどわかりません。自分のことで精一杯だったものですから、組織に対して興味もありませんし、無知だったというか、組織のなかの自分の位置付けはよくわかりませんでした」

――CCDもPPBも、検閲は原則秘密ですから、全体がわからないような仕組みにしていましたので、それは当然だと思いますよ。家族に仕事のことを話してはいけないとか、ご近所にPPBに勤めていることを内緒にしていたとか、というようなことはありましたか。

「いいえ。別にありませんでした。家族にも英文の翻訳をやっている位しか話さなかったと思いますし、ご近所の方からも聞かれれば何でも話したと思いますが、みんな生活に追われていましたから、誰からも聞かれたことはありませんでした。今までこの時期のことを人に話したことはありませんが、それは、話してはいけないとか、秘密だとか、そんなことでは全くありません、誰からも聞かれたことがなかったし、知りたい人がいるとも思いませんでした」

――収入は、よかったのではありませんか。

「そうですね。家が5月25日の空襲で丸焼けになりましたので、助かりました。月給制で、お給料は700円、1200円、1400円の三段階があったようですが、私はなぜか1200円でした。銀行から月に500円しか引き出せない時に、軍票でもらったこともあります」

――それはずいぶん優秀だったんですね。ほかに何か割り当てとか、配給とかありましたか。PX（駐屯地内の売店）とか、将校用のレストランを利用できるとかの特典はどうですか。

「何もありませんでした。帰りに新橋の闇市で買いものをしていました。ただ、ピクトリアルにいた先輩にチケットを貰って、一緒に仕事帰りに一、二度日比谷に映画を見に行ったことがありました。二世から何か貰ったことはあったかな」

――二世の人は、親切でしたか。

「とても親切でした。ハワイ大学を出ていた二世の方に個人的に誘われて――私よりちょっと年上の女性でしたが――、専用列車で一度、日光に行ったことがありました」

――PPB部門にはいつ頃までいらしたんですか。

「45年11月から47年春まで勤めましたが、結婚を機にやめて、東京を離れました」

――そのときは、引き留められたりしませんでしたか。

「『そうですか、わかりました、OK』とあっさりしていましたね。二世の女性が、ちょっとした贈り物をくれました」（２００９年12月11日、於・早稲田大学、聞き手・筆者。山本武利編者代表『占領期雑誌資料大系　文学編』岩波書店、月報、２０１０年「GHQ民事検閲局PPB部門での仕事」参照）

新聞検閲で日本人の体験者の証言は、彼女が初めてだった。しかも郵便と新聞の検閲の双方を体験された方は珍しい。東京中央郵便局での検閲は出発時には小規模で、勤務の締め付けも緩やかであったこと、同じCCD内部での異動もスムースにできたこと、放送会館での新聞検閲は地方紙の事後検閲であったことなどが分かる。

元・経済企画庁長官の検閲官経験談

久保田真苗（1924〜2008、元参議院議員）は津田塾、慶応大学を出て、労働省で活躍した後、日本社会党から参議院議員となり、細川内閣で経済企画庁長官を務めた。久保田は、戦後間もない頃に勤めたCCDの回顧を、オクスフォード大学研究員の岡原都のインタビューで述べており、以下はその要約である（『アメリカ占領期の民主化政策――ラジオ放送による日本女性再教育プログラム』2007年）。

（引用者註：敗戦後、占領軍を迎えるにあたって、女子学生の身の安全を守るために）文部省は女子のための学校の校長に、学生を故郷に戻すよう命令を出していた。そのため久保田も津田塾寮を出て、2カ月間熱海に身を隠した。久保田のような中産階級の女性の証言は反面、逃れる場所や頼る家族を失った女性たちは、この期間に、生き延びるためにRAA（特殊慰安施設協会）に申し込んだかもしれないということを暗示している。

占領中、日本側にもアメリカ側にも、かなりのビジネス・チャンスがあった。高等教育を受けた若い男性や女性、とりわけ英語やタイプに長けていた者たちは、戦後急速に増大したこうしたチャンスを逃さなかった。多くが、一般の水準をはるかに超える高給を魅力として、CIE（民間情報教育局）やCCDで、翻訳者や検閲官として働き始めた。

GHQ内部で働くには、事前の厳重な思想チェックと誓約書へのサインが必要であった。そうして獲得した仕事は、しばしば彼女たちに、さらなる大きな舞台への扉を開けてくれた。1945年8月まで、想像すらできなかった人生の跳躍が、CIEでの抜擢によって、彼女たちに可能となったのである。

中産階級の箱入り娘であった久保田も、敗戦後は生き延びるために働かざるをえなかった。郵便局で働き始め、CCDの検閲を行った。そのオフィスでは、100人以上の日本人スタッフが、1人のアメリカ人女性将校と、数人の日系アメリカ人通訳の監督の下に、1通ずつ手紙を開封していったという。

誰一人として、日常の挨拶や祝いの言葉以上のことを、あえて手紙に書きそうにはなかった。それは一部には、GHQによる封書や電話など、通信の検閲に関する噂が広まっているからであるのと、人々が長い戦争の間に、検閲というもの自体に慣れきってしまっていたからである」

久保田はCCDで働いた後、GHQのある統計部門の翻訳官となり、それから労働省に新設された婦人少年局に仕事を得た。この局は山川菊栄（1890～1980、女性運動家、片山内閣下で労働省・婦人少年局長）によって率いられていた。久保田によれば、政府のオフィスで作成されたすべての文書は、例外なく翻訳され、GHQに提出されたという。

山川は、新設された婦人少年局の地方リーダーのポストに、CIE関連で働いていた女性たちの中から多くを推薦したと久保田は証言する。これら日本人の翻訳官たちは当時「CIE村の住人」と呼ばれていた。ここの「住人」たちの多くが、他のもっと重要な仕事に、さらには新日本の建設目的で政府内に新設された部門へと、プロモートされていった。

雑誌のインタビューにも久保田は答えている。

「本当は3月卒業なのですが、アルバイトが忙しくて単位不足になり、9月卒業になってしまいました」

——どんなアルバイトですか。

「英語ができましたものですから、駐留軍の仕事が主でした。中央郵便局で郵便の検閲をずいぶんやりました。占領下にしかない仕事ですね。日本の手紙を読んで英文に訳すのです。密輸とかなにかを見つけるというのが主たる対象ではありましたが、そんなことを手紙で書くという人はありませんでしょう（笑）。実際には社会情勢とか、占領軍をどう思っているかという、いわば国民の思っていることをつかむということで、割合一般的なものまで訳していました」（『月刊官界』1985年11月号）

終戦からまもなく、中嶋絹子（西洋の児童文学の翻訳者、仮名）は友人の推薦で、CCDで翻訳官として働き始めた。仕事に関する守秘義務を要求する書類にサインした。毎朝、中嶋の上司は、日本の全国紙と地方紙と雑誌から数十の記事を選んで翻訳者たちに渡した。彼女は上司が「デモクラシー」という単語の出てくる、どんな短い新聞記事でも飛びついて切り抜いたことを覚えている。おそらくその言葉の頻出度がCIEの

「再教育・再方向付け」の浸透度のバロメーターとなったからであろう。
しかし中嶋は、このときには、自分に与えられる仕事が国民を教育しているとか、その仕事を通じて自ら学んでいるなどとは、思いもしなかった。この頃のことで、今でも思い出すのは、仕事中もお腹がすいていたということだったと述べている（岡原都の前掲書より抜粋）。

女性活躍

検閲関連の仕事を、今でいうところのキャリアアップのステップと捉えた者もいる。後に秘書界で活躍した加藤秀子（日本秘書協会初代専務理事）は若いときから「秘書になりたい」と思っていたという。

「私は、自分の力で出直してみようと、こんどは両親とは相談しないで、GHQの民事検閲局の翻訳官の試験をうけました。たいへんむずかしい試験でしたけれども、聖心時代に習っておりました語学が多少とも役立って、どうやらパスいたしました。私が学生時代に習ったのはイギリス英語でしたから、アメリカ英語になれるために、ラ

ジオの占領軍むけ放送を毎日きいて耳をならしたり、それなりの勉強もしておりました。

そのときおもったことは、就職について女性はともすると縁故に頼りがちですが——ほんの腰かけのつもりなら、それでもいいかもしれませんが——やはり、自分のえらんだ職業に責任をもって自立していくつもりなら、両親や先生に相談することはいいけれども、知人の紹介にたよるのは、なるべくさけたほうがよいということです。おさないならおさないなりに、自分の実力をかけて、自分の判断でえらびとってゆくことが、たとえ失敗してもやはり大切なことだとおもいますね。

そういうわけで、はじめの職場は三か月ばかりで退職させていただいたのですが、やっとパスした民事検閲局の仕事というのは、いまからおもうと、あまり気持のいい仕事ではありませんでした。

検閲局という名称からお察しのつくとおり、その大半が日本人の通信文を英語に翻訳する仕事です。でもそこで働いていた日本人は、ちょうど社会の変動時で、定職をなくした年配の人から、アルバイトの学生まで、それはもう老若男女、いろいろな経験をもった人が集まっていましたが、みんな高専または大学卒ということで、レベルがそろっているうえに、出世を争うという性質の職場ではなかったので、一種の気安さもあったからでしょうが、とても楽しくまた味のある職場体験でした。

　ここに二年半ばかりおりましたが、ちょうどこの職場が占領行政の関係で閉鎖になる三か月くらい前に、英文タイプの腕をかわれましてクラーク・タイピスト（一般事務兼務のタイピスト）として、ひとりのボスを受けもつことになりました。これが私の秘書としての第一歩なのですが、張り切って仕事をはじめたやさきに職場閉鎖です。正直なところがっかりしました。それで、こんどはおなじＧＨＱのなかで、天然資源局というところへまわされました」

（松田道雄編『君たちを生かす職業４　事業をのばす仕事』１９６９年）

青春を楽しむ女性たち

総じて女性の回顧は男性のそれよりも明るいようにみえる。若い人が多いせいか、どこか青春の思い出という色合いが強いのである。

湊川（河野）繁子は、府立高等家政女学校専攻科を出て、荒川区第三日暮里小学校の助教となり、福島県石川町で１年半の学童集団疎開を体験した。終戦後、しばらく安田銀行大手町本店に勤務した際、勤務後に英語と英文タイプの学校に通った。1947年にDPS（郵便部門）のタイピストに採用された。

部屋には50人ほどがいて、検閲で引っ掛かった文章をタイプする仕事だった。すぐ近くの部屋から、お昼休みに聞こえてくる混成合唱に魅了され、コーラスの仲間に入れてもらった。合唱が終わると大部屋に戻って行く人が多く、そこには1000人もいるかと思うほどの大勢の人が検閲翻訳の仕事をしていた。

彼女もその仕事がしたくなり、試験を受けて合格し、大部屋の一員となった。12班に配属された。監督官は普通の50歳代で、東大生、日本女子大生各2名、早大生1名（153頁の写真）。最初は初級検閲者であったが、英語を上達させて49年には上級検閲者となり、給与も7390円と女子大卒に伍するほどになったという。

彼女は明るく物おじしない、世話好きな性格だったので、職場でもコーラス部でも多くの友人をつくった。合唱の男性はほとんどが大学生のアルバイトで、彼ら、また彼女らは知識欲の塊のような、それでいてユーモアと若さで一杯の面々だったという。仲間を愛し、歌を楽しむ素晴らしいコーラスの仲間たちで、休日はたびたび、山に海にと楽しんだそうだ。

「今でも、当時の仲間とはニックネームで呼び合っています。本名で呼ばれたことはない。全部ニックネームで〝かなぶん〟とか〝蝶々〟とか〝いわし〟とか。福岡に行った人は〝いわし〟で、コーラスの指導者でした。NHKに入り、N響の音楽担当まででして、辞めてからは、福岡で音楽部門で活躍していました。コーラスのグループに集まった人たちは、それぞれが才能を発揮して文章を書いたりしています。その頃の文章はみんな私がまとめて預かっています。あの頃の才能はすごいなあと思うんです。今の青年たちと違って、純粋さがありましたね。どうしてこうも違うかと思うくらい、精神的にも立派。懐かしいですね」

（「座談会・CCDで郵便検閲者だった青春」『Intelligence』20号、2020年）

49年1月1日のコーラス部住所録は72名（うち女性50名）の盛況である。この女性会員の数は女性検閲官の1割近くがコーラス会員であったことを示している。コーラス現場の写真や会報では、女性が男性を凌駕していることを物語っている。

インコなるニックネームの彼女が、リスなる吉田喜久と二人で編集した48年12月13日の会報では、論説、クリスマス予告、映画評、練習会ニュース、肌の手入れの女性講座など、4段3頁にわたってぎっしりと、手書きの豊富な記事が掲載されているが、最後の広告欄のトップには「求ムボーイフレンド」とあって、「美男子ニシテ学識豊富話題好きな方、一日一回コーヒー、一週間一回映画を奢レル自信ノアル方ニ限ル　当方眉目秀麗ナル一女性メンバー」のコピー。最後に「委細ハ編集部マデ」とのユーモアが追加されている。

河野繁子のもとには、所属したコーラス部や卓球部、さらには職場班の、ピクニックでの集合写真が多数残っている。ＣＣＤの業務が終わってからも、ピアノのある仲間の家でコーラスを楽しんだり、班全員で昼の時間に息抜きの時を持ったという。彼女によれば2組の夫婦もこのサークル仲間から誕生した。

なお他の班でも「回覧雑誌を作ったり、休日には揃って東京近郊へ出掛けたりしていた」（白井敏昭「米軍検閲局の思い出」『共済と保険』1990年7月号）という。

5　高齢者雇用

東京中央郵便局で、ＣＣＤによる郵便検閲に携わった日本人の年齢層は、かなり幅広かった。

１９４８年12月に作成された生年月日資料（CIS07281-07282）によると、上は１８７０（明治３）年生まれ、下は１９３３（昭和８）年生まれとなっている。最高齢は実に78歳。15歳と78歳が等しく働く職場だったのだ。

シニア層には若干名の女性もいれば、元東京外国語学校フランス語教授である有位者、元正則学園英語教師である内村鑑三私淑者、アメリカ留学経験のある精神病理学者（１５２頁）、ドイツ語の英訳もできる教職者、地理学者、後の外交官など多分野にわたるインテリたちがいた。

その一方で、高学歴ではないシニアも存在した。

新井潔は１８８０（明治13）年生まれで、１９４５年10月22日、東京中央郵便局の郵便検閲班に採用されたときには65歳であった。孫の新井真理子が収集した資料からその経歴を辿ると、彼は１８９３年に単身上京し、本郷にある郁文館中学（現・郁文館夢学園）英語科に入学。卒業したが、上級学校への進学に失敗している。目黒試験苗圃（後の林業試験場）での研修後に、農商務省職員営林技手としての道を歩みかけるが、１９０３（明治36）年、修学を目的に旅券を入手して渡米する。滞米中の動向に関しては断片的な口伝があるのみで、検証可能な資料の発見には至っていない。そして、1907（明治40）年に、黄禍論渦巻くアメリカから帰国している。

その後、外資系や基礎工事会社勤務を経て、1920年代後半には英字新聞のジャパン・アドバタイザー社に転職している。1940年に同社がジャパンタイムズ社に吸収されると、その吸収先に移籍するが、戦時中の社内職務は不明である。

アドバタイザー社時代の彼に関する記述として、ジェームス・B・ハリスの『ぼくは日本兵だった』（旺文社、1986年）という本に、こんな部分がある。

「広告部員だったアライという男は、警察が送りこんだスパイで、ぼくたちの日常の行動を残らず通報していたらしい」

「それ（引用者註：お召し列車に関するアメリカ人記者の冗談）が例の広告部員のアライの耳に入って通報されたらしい」

同書の著者は、筆者の高校生時代、旺文社の英語講座でおなじみの講師だったが、この記載はことば通りに評価できない。記者であるハリスの、広告部員への偏見が潜んでいる可能性があると同時に、当時は互いが互いをスパイとみなす風潮が強かったからである。

ともかく少年期からシニア期まで、新井潔の英語への関心は持続し、年齢とともにリテラシーも進歩していたことは想像に難くない。彼がＣＣＤに就職した直後の１９４５年10月26日から、『朝日新聞』『読売報知』などに、進駐軍による求人広告が大々的に掲載され始めた。それ以前から英字新聞『ニッポンタイムズ』などのメディアにも広告が出ていた可能性もある。いずれにしても、それが広告部員として生きてきた彼の目に留まった。そしてアメリカン・クラブに足を運び、試験後、即採用されたと思う。

他の応募者が回想しているように、ＣＣＤは応募者に原則として履歴、年齢、学歴、男女などを問わなかった上に、障害者も採用されていた。あくまでも実力、とくに英語力を選別の判断基準とした。本来ならば新井の最大のハンディであろうはずの65歳という年齢は不採用の理由にはならなかった。同時期にみられる他の例を挙げれば、１９４５年12月９日に採用されたコンドウ・ゲンキチという検閲者は67歳であった。

新井潔に高い英語リテラシーがあったことは、翌年1月に実施された「検閲学校」なるＣＣＤ部内の検閲者能力試験で満点の成績をとっていることからわかる（江藤淳　前掲書）。

また１９４８年８月の語学評価試験では80点（２１７頁参照）を取り、その後監督官に昇格した。監督官になるにはトレーニングとテストに加え、班をまとめる能力も必要とされた。5540円だった給与も49年3月の資料（CIS07272-07274）では8240円に昇給していることが確認できる。

49年7月6日には、大学生である息子の新井隆四郎も採用された。CCDの閉鎖を目前にして親子検閲者が誕生したのである。そして閉鎖後の1949年10月31日、新井潔は新たな職を得るべく、戸籍謄本を複数通取得している（本稿の基本データは新井真理子の調査に依拠）。

他の高齢者も見てみよう。

斎藤玉男は新井潔と同年の1880年生まれであるが、1948年7月16日にCCDの初級検閲者に採用された。給与は3590円だった。斎藤は東大医学部卒後、精神病学研究でドイツに留学。日本医科大学教授、ゼームス坂病院（『智恵子抄』の高村智恵子が亡くなった病院）開設を経て、東京府立松沢病院副院長となり、終戦を迎えていた。次頁の写真の右から2人目が68歳の彼であるが、矍鑠《かくしゃく》としている。

CCDで1949年に上級検閲者となったときには、給与は7290円と倍増してい

右から２人目が斎藤玉男。昼休みに同班の者同士で

た。戦後はＣＣＤ勤務のほか、いくつかの私立精神科病院の顧問をしていた（南博編『近世庶民生活誌』第10巻、１９９５年）。終戦後の医療界は混乱していて、こうした社会的地位のある彼に身分的、経済的な処遇が出来なかったこと、それに比べてＣＣＤの待遇は悪くなかったことを示唆している。しかし彼はＤＡＣにはならなかった。河野繁子（写真の前列中央）は斎藤と同じ班員だったが、全員を家に招待してくれたことを覚えていた。

島田滋は高知県出身、１８８５年生まれで、１９４８年5月にＣＣＤに入ったときは63歳であった。東京外国語学校卒業の翌年、外務省試験に合格し、ハルピン副領事、ソ連大使館2等書記官、エストニア代理大使などを歴任。戦後、外交畑を離れ、外務省嘱託となった。ソ連通といわれた外交官であった（高知新聞社編『高知県人名事典 新版』１９９９年）。

この島田が１９４８年５月に、給与４７９０円でＣＣＤに入った。１９４８年８月の時点の英語試験では、キノシタ・ジュンジの90点には及ばなかったが、86点の高得点をあげ、１９４９年９月には７１９０円の本俸を得ていた。

以上３名のシニアを見ると、郵便部門には、かつて英字新聞、大学、外務省で働いていた人たちが多数いたという、検閲体験者の語る話の信憑性が裏付けられる。人生50年といわれた当時の60歳代は現在の90歳に相当するだろう。年齢、前歴を問わず、英語力で採用し、厚遇していることが分かる。

６　緘黙派——木下順二

前項でキノシタ・ジュンジという名を挙げた。この人物についてしばらくみてみよう。Kinoshita Junji は、ＣＣＤ名簿では１９４８年６月～１９４９年６月までに５回名前が出る。

彼は東京中央郵便局の葉書、手紙の検閲現場で10名ほどの日本人検閲官の班を監督、統括するＤＡＣ兼 Tech Exp（Technical Expert の略、ＤＡＣの補助員）であった。給与は４１１０円から５２８０円、そして７９７０円へと、右上がりの伸びを示している。

１９４９年７月26日付の人事記録（CIS-5391）に Kinoshita Junji の名が出ていて、そこでは病気の彼を解雇すると記されている。さらに１９４９年９月26日付で「病気を理由」に退職していることが分かった（Personnel Roster of Japanese Nationals Separated by CCD-Tokyo Area month of September '49, 3 Oct '49 CIS-7272）。

２つの資料から推定して、退職までの２カ月間に、彼と当局との間に長期病欠をめぐる駆け引きが続いていた。彼の病欠の原因は分からないが、６、７月あたりから欠勤があったのであろう。彼が監督官であっただけに、当局はいらだっていた。退職が２カ月延びたのは彼の粘りがきいたのであろう。

筆者は８年ほど前に、キノシタ・ジュンジは、「夕鶴」で著名な劇作家にして進歩的評論家であった木下順二（１９１４〜２００６）ではないかと思った。

当時は、「夕鶴」が、劇団「ぶどうの会」（女優の山本安英らと木下とで結成）で上演される一方、戯曲「山脈」が発表されるなど、作家として油の乗った時期であったので、解雇覚悟で監督官の仕事を休むことが多かったと思われる。「山脈」では主人公が原爆を背景に背負っている。

「原爆の実態報道や批判は厳しく統制された。作者はそれを百も承知の上……日本演劇において原爆を扱った最も早い時期の作品となった」

（宮岸泰治『女優山本安英』２００６年）

ＣＣＤの中で演劇検閲を扱う部署はＰＰＢで、木下の属する通信部ではなかったが、彼は自作の公刊には神経を尖らせていたことだろう。それが心労となり、病気になった可能性も考えられる。あるいは木下が、戦時中に2回、仮病で兵役逃れをした前歴も彷彿とさせる。

キノシタ・ジュンジは１９４８年8月実施の英語能力試験で90点をとっている。さらに同年12月21日、ＣＣＤ内部の英語検定試験でＢ40％といういずれも高位の成績を残した資料もある〔230–112 Examinations Employees (Language Differential Test Results) 1948–1949, CIS–5749–5750〕。

ＣＣＤ閉鎖の1カ月前の退職で、彼の勤務期間は2年11カ月であった。ただし、いつ監督官になったかは分からない。

筆者が開発した20世紀メディア情報データベースで「木下順二」を検索すると、木下自身が執筆したか、彼について触れた38件の雑誌記事が出てくる。掲載誌は多様である。その中にも出る「夕鶴」や「山脈」は、劇化され、当時、評判となっていた。その頃、明治大学文学部で講師も務めている。

後述するが、彼は英語に堪能であった。とはいえ、劇作家、劇評家として売り出し中で、とてもＤＡＣの激務をこなせないのではないかと、一時は思った。だが、ファイル群を見ていたら、キノシタ・ジュンジの資料がさらにあった（Transmittal of Personal History Statement, 1947・8・15 CIS-5749）。この時期にＣＣＤが使用していた33名の日本人検閲者の雇用時に、アメリカン・クラブ（ＧＨＱの日本人雇用機関）が実施した履歴確認調査資料（実際は米軍憲兵隊が調査）の請求である。

なぜ履歴調査が求められたのか、その理由は個々には記されていない。これらの人物は当時、なんらかのトラブルを起こしたか、ＣＣＤ当局の注目を引いた人物と推測される。この中にはキノシタのように監督官になった人物もいれば、調査後に名が出なくなった者もいる。ただしKinoshitaと記載された検閲官は彼だけである。

当時、脚本家の木下順二は、1947年3月の雑誌『人間』に「風浪」、4月の『別冊文藝春秋』に「赤い陣羽織」を発表し、7月には新月社から『オセロウ』を刊行するなど、かなり活発な活動をしていた。これらの作品が検閲に出されたことで、木下がCCD内部で注視されたのであろうか。しかし調査からCCDの任務に支障ないと判断され、結果として雇用は継続となった。

筆者自身による木下身元再調査

CCDに勤めていたキノシタ・ジュンジは、劇作家の木下順二である。そのように考えるのが自然であるというのが筆者の現在の考えである。本人は公表していないが、その人生や周囲の証言はそのことを示している。

木下は1939年、東大文学部英文学科を卒業後、大学院に進む。指導教官の中野好夫の勧めで「鶴女房」や「彦市ばなし」などの『全国昔話記録』を材料とした作品を書いていたが、戦時下検閲を憂慮して公刊の機会を求めなかった。

法政大学で英語の講師をしていたが、英語教育禁止措置でクビになった。1時間3円50銭で、皆勤してはんこを押すと月に70円だったが、そのうちに英語は敵性語ということになり、ある年「来年度休講」という辞令を貰ってそれきりになったという。戦後復活するかと思っていたのだけれども、何のお声もかからなかったと述懐している（「時間給三円五十銭――私の教師時代」『群像』1968年12月号）。

ＣＣＤを退職した時期は、ちょうど作品が評判となり、劇化が進みだした頃と重なる。それまでの時期はＣＣＤに朝から夕方まで勤め、その夜に演劇活動をしていたはずである。ＣＣＤは土日休みで、月2回の公休もあったようだ。

一橋大学に通っていた川田隆は、ウィークデーに1日休みを取り、土曜のゼミに出席しただけで卒業論文をまとめたと筆者に語った。日本女子大の検閲者、横山陽子は昼間の時間を抜け出して、必須の授業に出席していた。

監督官は、これら一般検閲官のように自由時間は捻出しにくかったであろうが、その任務と作家活動をそつなくこなせる実務能力、処世術が木下には十分あったと思われる。

飢えを救ったGHQの給与

木下は、戦前から親が東京・本郷に家屋敷を持っていたほどの、熊本の大地主の息子であったが、戦前、父親からの相続を拒否していた。だが、東大YMCA寮に学生時代から住んでいたので、安い寮費で過ごせた。明治大学講師として多少の収入はあるにはあったし、原稿料も若干あっただろう。

CCD勤務までの木下には自由時間が多かった。明大では1947年5月から「戯曲論」週1コマ（90分）の非常勤講師であった。1949年に「夕鶴」刊行のためにYMCA寮で未来社を立ち上げた西谷能雄（1913〜1995）は、木下の参加した座談会で当時を振り返り「木下さんはまだ無名人だった」「木下さんも当時はそれほど目立ってはいなかったように思いますね」（未来社編刊『ある軌跡——未来社15年の記録』1967年）と語っている。

木下順二の記述には、大多数の都会人が体験した、死ぬほどの飢えと空腹でもがき苦しんだというものがない。それでも彼自身の収入をある程度は上げねばならなかったはずで、そうした中でGHQの給与は魅力的であっただろう。CCD時代の方がはるかに高給であったと、多くの転職した検閲官が言うし、妹や弟の学資を親代わりに負担できたという美談も数多くあるほどだ。

木下と安英の愛を支えたもの

木下の甥であった不破敬一郎（1925〜2017、東大名誉教授）によれば、木下の東大卒業頃までには、彼と女優の山本安英が「極めて親密な仲」になっていたという。新劇女優だった山本安英は木下よりも8歳年上で、「結婚の相手としてではなく、むしろそれ以上の対象として強く存在していた」ため、両親が持ち出した見合い話に対しても、木下の答えは素気なく「否」であった。安英のことを知った彼の母親の驚きと悲しみは、それより10年前の跡つぎ拒否の時よりも数段大きかったという（「木下順二と山本安英（一）」『図書』2009年2月号）。

筆者は、安英を慕って全国から若い俳優志望者が集まっていた「ぶどうの会」の活動資金の捻出、そしてそれらに苦労する彼女の生活の支えに、木下のCCDでの給与の一部が流れていたと推測する。

安英は、「それぞれ激しい生活苦と闘ひながらも二年ほど続けられた頃、前から面倒を見て下さっていた木下順二さんや、また山田肇さんの発議で、放送局の御好意の下にこのグループとして初めて対社会的な仕事をさせて頂くことになりました。木下さんが書いて下さった十回連続の学校放送を、山田さんの演出で」演じたことで、戦後の活動を本格化することが出来たと感謝している（山本安英『歩いてきた道』未来社、1951年）。

彼は山本安英への援助を、強い意志と情熱で実行したようである。当然、講師料や原稿料では追いつかなかった。そこでGHQへの勤務を続けたのだろう。

安英と木下は運命共同体で信頼し合っていた。「ぶどうの会」は木下との関係で、戦後も東大YMCA寮を活動の拠点とした。木下は相変わらずその寮に住み続けて支援していた。木下は生涯独身を貫いている。

木下の検閲に向く性向

松本昌次（1927〜2019、編集者、影書房創業者）は、出版社である未来社の誕生初期、1953年に入社以降、木下の数多い著作の編集担当者となり、晩年の木下に関する自身の著作をものしている。

その松本の『わたしの戦後出版史』（トランスビュー、2008年）には、興味深い松本のインタビューが収録されている。

「作家でフランス語がいちばんできるのは中村光夫さん、イギリス語では木下順二さんだと、だいぶ昔のことですが、だれかに聞いたことがあります。たとえば日常会話でも、横文字の発音に木下さんはきわめて厳密で、日本語なみに『マクベス』なんて平坦に言ったりすると、必ず『アクセントが違う』と訂正されるんです(笑)。だから、木下さんの前では、決して横文字をしゃべらないと心に決めてたんですけど(笑)、うっかり出てしまって、そのたびに訂正される。横文字の発音ばかりでなく、読んだ本の誤植は、そのページを本の見返しにメモしていましたね。若いときは、道を歩きながら広告のミスを発見すると、いちいち訂正を書き込んだと言われていますそれほど外国語であれ、日本語であれ、言葉に厳密な方でしたね」

この偏執ともいえる誤植発見への執念は少年時代からあったことを、別のところで彼自身が語っている。

「読む本の誤植や誤字が大変に気になり、気になった以上それらの文字を、文字の中心をつらぬくようにえんぴつで消さなければ気がすまなかった検閲官。そのうえそういうけしからぬ文字の載っているページが第何ページであるかを、巻末の余白に書きぬいておかなければ夜も眠れないというふうであった」

（「わが青春時代」『NHK学園』1963年11月）

多くの検閲者がCCDでの自らの体験を苦痛と語っている。この文章では「検閲官」という言葉を木下自身が使っている。彼が監督官だった13P（班）の部下の回顧録はどこにも見当たらないが、上司としての彼から厳しい注意や叱責を受け、彼を忌み嫌っていた部下も多かったのかもしれない（他の監督官がそうだったように）。

一方、彼はその任務を楽しんでいたのではなかろうか。そしてその行為が上司に評価され、優遇されるのにつながったことであろう。持って生まれた性向が、占領期には「習い性」となっていたのではないか。CCD時代の監督官としての言動が、退職後も継承されていたと推測される。

進歩的文化人のアメリカ抜きの体制批判

木下はいわゆる「進歩的文化人」の代表格とされる。現在で言うところの「リベラル」である。彼の著作集、評論集は未来社から、また岩波書店、筑摩書房などから多数刊行されている。筆者も大学入学以来、安保問題、アジア問題、中国問題、朝鮮問題、さらには沖縄問題での多彩な彼の言動に時おり接していた。

だが、そこには直接的なアメリカ批判がまったくといっていいほどない。日本の保守陣営や軍指導者への戦争責任追及は厳しいが、アメリカ指導者やマッカーサーの名が出てこない。占領期の米軍の出来事は例示されない。アメリカにかかわる用語は慎重に排除している。東大ＹＭＣＡ寮を中心に、戦前のプライバシーをさらけ出した自叙伝『本郷』に比べて、占領期のプライバシーにまつわる記述は稀少だ。彼が占領期の体験を語るとすれば、極端に言えば、新劇界や「ぶどうの会」についてだけなのである。

劇作品でもそうである。『沖縄』では、さすがにアメリカ軍の軍用地強制収容の話はでるが、日本本土の人間（ヤマトンチュウ）と本土資本による、沖縄人暴行と収奪が主題となっていて、日米安保体制批判はない。『蛙昇天』や『オットーと呼ばれる日本人』では、ソ連の工作の話が出るため反ソ的に見えるが、やはり悪人は日本の旧軍人や保守政治家の体制で、連合軍の一員であったソ連批判は露骨ではない。

彼は戦前、東大ＹＭＣＡの一員として渡米するほどアメリカへの関心が強かったにもかかわらず、戦後一度も渡米していない。１９５５年にアジア・アフリカ各国や欧州を外遊したり、国交のないソ連、中国、さらには北朝鮮にまでを足を延ばしたりしていたことと比べれば異常である。

松本昌次の証言

松本昌次は２０１８年2月、３月の私の電話取材で、若い作家や「ぶどうの会」の人から「木下がＧＨＱで検閲をやっていた」と耳にしたことを想起してくれた。

木下は何事につけ自ら語ることがない、慎重な性格の人物であったという。加えて「当時、木下順二という人物は他にいなかった。そのＧＨＱ資料に出るキノシタが木下順二で間違いない」と明言した。確かに20世紀メディア情報データベースでも検閲官名簿でも「木下順二」は彼一人であることが確認できる。

木下はＣＣＤ勤務を隠蔽したと思ってこの世を去った。だがアメリカ国立公文書館は、彼の名を記したＣＣＤ資料を公開していた。日本政府（日本年金機構）は彼を含めた検閲官名簿（日本名と住所）を所蔵していると推測されるにもかかわらず、２０１４年、２０１９年に筆者が出したその名簿の情報公開請求を拒否している。

養女・木下とみ子の証言

木下の養女・木下とみ子からも２０１９年4月12日、文京区の木下宅で貴重な証言を得た（毎日新聞の青島顕記者が同行）。

晩年の彼を世話した彼女はある時、ＧＨＱとの関係を彼に尋ねたという。それに対し、彼をＧＨＱへ紹介したのは、東大大学院時代の指導教官であった中野好夫先生であると答えたという。それ以上の詳しい説明は彼女からはなかった。

東京女子大の学生大量採用の話は西尾実が語った。女子大を中心に教授や事務当局を介したリクルート作戦が展開されていたと渡辺槙夫は言う。東大でも各方面でＧＨＱからの勧誘がなされた形跡がある。中野教授へは、ＣＣＤから東大出の優秀な学生やＯＢの紹介要請があったとも考えられる。この木下とみ子証言は、真相の核心に迫るものである。

先の法政大学の英語の時間給収入が、

「最後に全くなくなったころ中野好夫から声がかかって、文部省の外郭団体で法政に見合うかもう少し高いぐらいの月給にありついた。そこの仕事で、中野好夫と浅草の六区の常盤座あたりへ出かけて行って、森川信や清水金一（シミキン）の芝居のモギリ（というのは入場者の切符の半券をもぎるところだが）に何時間も立って、本日の入場者は産業戦士の男子何名、女子何名、年齢別では何名などという記録をつけているうちに敗戦になった」

（木下順二「相変らず、しかしやっと――敗戦をどう迎えたか」『群像』1964年1月号）

というのだから、モギリに誘うほどに弟子の生活の実情を知っていた恩師が、戦後の彼の困窮を救ってやるために、東大の自分のところにきた検閲官募集の世話をしたとしてもなんの不思議もなかろう。

ＣＣＤにとっても、英語力のある木下の雇用は、東大とのつながり強化で歓迎される話であったに相違ない。

・キノシタ・ジュンジという、高い英語力を持った人物についてのＣＣＤに残る記録

・各大学の英語教育関係者へＣＣＤから勧誘が来ていたこと

・編集者の松本昌次が、作家や「ぶどうの会」関係者から聞いた「木下はGHQで検閲をしていた」という証言
・養女の木下とみ子が聞いた「GHQへ紹介したのは、東大大学院時代の指導教官であった中野好夫先生である」という木下自身の言葉

また、彼の演劇活動における資金の必要性や、著作・劇化の活発化の時期とCCD退職の時期などの重なりからいっても、キノシタ・ジュンジ＝木下順二であろうと考えている。

筆者が接触したかぎりは、CCDから退職時に沈黙を強制されたとか、その後の行動を監視されたとかいう元検閲官はいない。

だが、検閲官体験があったとすれば、木下は緘黙派である。もちろん彼の行為は違法ではない。ただ、すばらしい英語力で、日本人検閲者の英訳作業を管理し、結果として白人将校のご機嫌をとっていたことを恥じていたのではないか。しかも日本独立後の言動で日本権力批判をするとなれば、権力側と組んだアメリカへの批判に連動する。つま

り反米活動につながることが論理的に導かれる。そうなると、彼の体制批判は中途半端となる。監督官としての占領期での行為をアメリカに暴露されれば、彼が戦後築いた、進歩的文化人や作家としての地位や名誉が失われることを恐れて沈黙したのかもしれない。

憶測にすぎないけれども、彼は抜け出たいと思いつつ長期に勤務せざるを得なかった監督官としての辛い体験の中で、劇作家として体制批判の意識を高めて、退職後それを著作活動に昇華させた。彼の独立後のリベラルで独創的な著作活動は、厳しいCCD体験なくしては生まれなかったともいえよう。ともかく彼は検閲体験を隠し通す。『閉された言語空間』で検閲体験者を糾弾する江藤淳を恐れて一層殻に閉じこもったのかもしれない。

Ⅲ　日本人検閲官の利用のされ方、仕方

1　厳しい飢餓状況――ＲＡＡかアメリカン・クラブか

アメリカン・クラブの広告

戦後しばらく多くの日本人が不本意な仕事をしていた最大の理由は、言うまでもなく経済的な困窮である。悪く言えばそこにＧＨＱが、つけこむ余地があった。

「苦学生とよばれた学生の仕事といえば、牛乳配達や新聞配達であったが、戦後の学生はさまざまな仕事をアルバイトの対象とした。家庭教師や筆耕、露店での落花生売りや宝くじ売り、靴みがき、デパート商店の販売員等々その領域はきわめて広い。特に、進駐軍とよばれた占領軍でのアルバイトは収入も良く、特に豊かな食料を支給さ

れることもあって、学生には歓迎された。その仕事も、進駐軍による検閲のために日本人の手紙を英訳することから、モータープールでの肉体労働、守衛など、きわめて多様であった」（『明治学院百年史』１９７７年）

当時の新聞にはアメリカン・クラブの広告が多く掲載されていた（次頁参照）。アメリカン・クラブは終戦直後における、新聞の最大の広告主であったといっていい。第2面の右下の隅に、他の広告主を圧する大きさでの案内広告を出すのが常であった。終戦後の絶対的な物資不足で広告面は少なかったが、定位置に連日掲げられて目立っていた。朝日、読売等、新聞による差異はなかった。

当時の日本を覆っていた飢餓が、この種の広告の魅力をさらに増した。

検閲官のアルバイトは学生に人気があったが、ある程度の英語力が必要であったので、挑戦をする学生が多いわけではなかった。戦時の英語教育拒否による影響で、英語力に自信のある者は少なく、その仕事の獲得と継続は困難との認識が、挑戦者の心理的壁となっていた。

「良く英語と日本語の出来る者」とか、「英語の会話及び翻訳に堪能なる者」というコピーが、占領初期の新聞では目立った。東京の有力紙では1945年10月25日からほぼ毎日、2頁しかなかった当時の新聞の第2面、右下の隅にかなり大きく掲載されていた。当時は購買力が低く、消費物資もほとんど生産されていなかったので、引揚者、復員者関連の案内広告が目立ったが、その中でアメリカン・クラブの進駐軍要員募集の広告は一般読者にとって目立つ存在であった。

アメリカン・クラブが、東京進駐軍勤労部を併称するようになったのは、1946年6月1日からである。

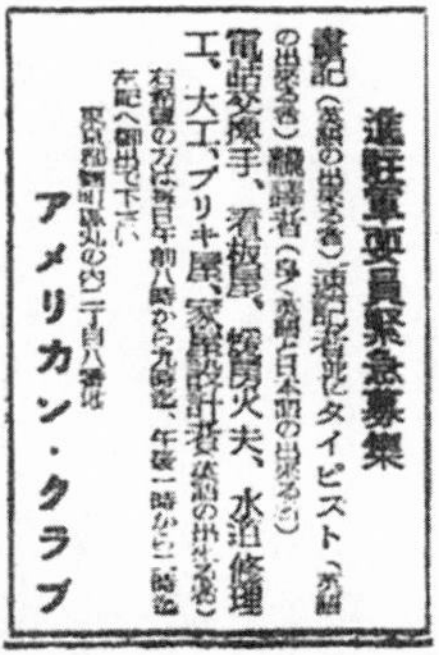
進駐軍要員緊急募集
書記（英語の出来る者）速記者並にタイピスト（英語の出来る者）翻訳者（多少英語と日本語の出来る者）
電話交換手、看板屋、消防火夫、水道修理工、大工、ブリキ屋、家屋設計者（英語の出来る者）
右希望の方は毎日午前八時から九時迄、午後一時から二時迄左記へ御出で下さい
[illegible]
アメリカン・クラブ

朝日新聞 1945年10月26日

「『極東国際軍事裁判所』の求人広告が新聞に出た。受けてやろうと、再びアメリカン・クラブに行った。（中略）もっと嬉しかったのは、軍事裁判所に入ったら、検閲局の給料の二倍の千四百円也と跳ね上がったことだ」（工藤幸雄『ぼくの翻訳人生』）

とあるように、受験英語で鍛えられた学生のなかで、挑戦を厭わぬものはアメリカン・クラブを使って就職先をハシゴした。

アメリカン・クラブはCCDその他の機関の就職斡旋（リクルート）機関で、応募者の履歴書を保存し、GHQ各部署は問題があるときはクラブを通じ、憲兵隊に調査を依頼した。同名の民間クラブが戦前から現在も存在しているが、それとは別箇の軍のれっきとした米軍機関である。1948年でもCCDの求人・解雇の3分の2については同所が介在していた（CIS-5735）。

このクラブには勤労部のほか、経済部、健康福祉部、情報教育部、法政部、調達部、銀行清算部があり、米第8軍隷下の東京・神奈川県の軍政部が管轄していた（福島鋳郎編著『G. H. Q. 東京占領地図』1987年）。

アメリカン・クラブ掲載広告は、各紙ほぼ同一であった。次のように広告主名を掲げていた。

~46年5月31日　　アメリカン・クラブ

6月1日　　アメリカ・クラブ　東京進駐軍　勤労部係
6月2日～　アメリカ・クラブ　東京進駐軍　勤労部
7月1日～　アメリカ・クラブ内　東京進駐軍　勤労部
（住所は東京都麴町区丸ノ内2丁目8番地）

東京進駐軍管轄の小石川勤労署は、1946年1月7日からアメリカン・クラブの新聞広告欄の枠内で登場した。

アメリカン・クラブが比較的、正規の職種が多かったのに対し、小石川では基地で働く雑業が多かった。また横浜地区進駐軍要員緊急募集広告が、1946年2月1日から4月1日まで併載されたが、それは軍政部労務課（横浜市中区海岸通・日本郵船ビル2階）が出したものであった。横浜では小石川系広告が目立った。

アメリカン・クラブでは速記者、タイピスト、翻訳者が当初から3大求人職種で、いずれにも「英語の出来るもの」とあったが、翻訳者には先に述べたように和文英訳力を期待していた。広告を毎日見る読者は、翻訳者が重視されていることは判っても、その仕事が検閲と関連していることは推測困難であった。闇の仕事内容である検閲作業は大々的に広告できないものであった。

自動車運転手が、CCDの給与表では監督官を超えて1万円台であることが、筆者の長年の疑問であったが、運転技術者自体が、当時の労働市場では払底していたことに加え、技術とともに英語会話力を必須としていたことを広告で知り、合点がいった。

GHQがこの種の広告で、日本政府に費用を負担させていたかどうかは分からない。だが、新聞社が広告掲載料をタダにしていたとは考えられない。それどころかこの広告は新聞社のドル箱であったことは確かで、新聞社側の広告担当者が、広告主から接待攻勢を受けていたという資料もある。

『朝日新聞』の復刻版を見る限り、「連合国要員募集」の広告はその掲載頻度は減っていくものの、断続的に掲載されている。たとえば1949年4月14日には「翻訳通訳」、「翻訳者（女子）」が「英語堪能者」として募集されている。ただし広告主は「飯田橋職業安定所有楽町分室」となっている。

RAA（特殊慰安施設協会）の広告

限られたスペースしかない広告欄の中で最大手が、45年10月下旬からほぼ2年間、アメリカン・クラブであることは各紙とも同じであった。

ところが掲載場所はほぼ同一であったが、内容は異なる特殊な広告が、終戦直後に一時的に広告欄を席巻した。その広告主は進駐軍兵士に、セックスや娯楽を提供する業者であった。

敗戦から2週間もたたない1945年8月末から9月初めの時期に、東京の有力紙に特殊慰安施設協会（京橋区銀座7－1）の、記事中ないし突き出し広告が出た。『朝日新聞』では8月29日、8月31日に記事中広告が第2面右下に出た。『読売報知』には8月29日、9月3日、9月5日に突き出しで出た。


【読売報知突出し広告】1945年8月29日付2面　下段右突出し

職員事務員募集

一　募集人員　五十名（男女ヲ問ハズ高給優遇ス）
語学ニ通ズル者及雑役若干名
自筆履歴書持参毎日午後一時ヨリ
同四時迄　本人来談ノコト

京橋区銀座七ノ一
特殊慰安施設協会
電話番号九一九・二二八二番

この広告のキャッチフレーズには「職員事務員募集、募集人員五十名」とあるだけで、特段目立たない。が、目をこらすと小さく添え書きされている「男女ヲ問ハズ高給優遇ス」の文字が入ってくる。また続けて「語学ニ通ズル者」とあって、外国語のリテラシーを要求している。さらに広告主の名乗る「特殊慰安」というサービスはなにやらあやしい。だが広告主の所在地は日本の目抜き通りの銀座である。

この広告主の正体への読者の疑いを解消する記事を、8月30日にタイミングよく朝日記者がまとめている。それはこの広告が掲載されなかった日であるが、広告掲載とほぼ同じ場所の記事欄だ。見出しは「進駐軍の慰安施設」とある。

「神奈川県では進駐軍将兵用の慰安施設と娯楽回復興に伴ふ横浜市内の娯楽所設置地区を次の如く決定した。◇進駐軍将兵慰安施設エキスプレスビル（バー）カナダ汽船ビル（カフェー）船舶汽船（カフェー）大阪商船ビル（キャバレー）万楽荘（慰安所）日本商船大丸谷寮（慰安所）その他箱根、江ノ島に慰安所、キャバレーを設置する。◇娯楽所を設置する地区　目下県保安課に娯楽所開業申込者が殺到しているが、県では大体花園橋付近の堀割側を境として大丸谷、本牧までの間を設置場所に指定してどしどし許可する予定である」

これを見て、応募者や施設投資業者だけでなく、一般読者も「慰安」のなにかが理解できた。そして呼びかけに賛成か反対か、参加か拒否かの意思決定を行ったと思われる。そして第2回目の8月31日の広告が、ダメ押しとなった。『読売報知』を見ると、8月29日に『朝日新聞』とほぼ同じ内容ながら、縦長の突き出し広告が出ていた。間隔をおいて9月3日に出た広告では「急告　特別女子従業員募集」とあって「衣食住及高給支給　前借ニモ応ズ」、「地方ヨリノ応募者ニハ旅費支給ス」と雇用条件がより直接的に明示された。広告主名は同じであるが、住所には「東京都」が付加されている。そして第3回目の広告が9月5日にも出た。さらに9月11日に同紙は「慰安娯楽施設、どしどし許可」との見出しで『朝日』と同じように横浜支局発信の雑報を載せた。

「進駐軍相手の慰安、娯楽施設の営業許可申請が殺到し、神奈川県当局に十日現在で五十余件に及んでいるので、これら施設の迅速な開設を促すため、県では所轄警察署に営業許可の権を任せて、キャバレー、ダンスホール、カフェー、バー、レストラント、ビアホール、チャブヤ、純日本式料理屋、撞球その他遊技場、劇場、映画館など外人向のものをどしどし許可することになり、十日に各署に示達した」

とある。両紙とも広告主へのこうした提灯記事を掲げ、読者の好奇心を満たし、疑問を解消していった。『毎日新聞』にも掲載され、『東京新聞』9月5日と『日本産業経済』9月7日には、キャバレー、カフェー、バーなどでダンサー等を求人する、より露骨な表現を使った特殊慰安施設協会キャバレー部の広告が出る。

広告では男女に「国策的事業」への「挺身」を求めている。さらに「ダンサーを求む」では「経験ノ有無ヲ問ハズ国策的事業に挺身セントスル大和撫子ノ奮起ヲ望ム」との女性「大和撫子」のナショナリズムに訴えたコピーが出る（恵泉女学園大学平和文化研究所編『占領と性——政策・実態・表象』2007年）（天野祐吉監修、リクルート編『求人広告半世紀』1991年）。

東久邇宮内閣誕生の翌日、45年8月18日に、内務省警保局長から「進駐軍特殊慰安施設について」という秘密無電が各庁、府県長官に発せられた。東京料理飲食業組合や、売春斡旋業者らが作った特殊慰安施設協会が、警視庁に営業許可をおそるおそる求めたところ「婦女子の安全をはかるため、防波堤となるものが必要」と警視庁から逆に営業を懇請されたという（猪野健治編『東京闇市興亡史』1978年）。

つまり官民挙げて、米軍から日本の（中流階級以上の）婦女子を守るための、「大和撫子」の慰安所が設立されたわけである。

ところが9月中旬以降、この関連広告や記事はぷっつりと出なくなり、同時期、パンパンという文字が浸透しだした。が、その新語はフラタニゼーション（占領軍兵士と現地女性との交歓）という占領軍の検閲項目に引っかかってしまい、新聞その他のメディアから厳しく排除されだした。また、こうした広告主への批判が高まり、10月末に警視庁から「広告掲載等は自粛」せよとの打って変わった通達が出た（前掲『占領と性――政策・実態・表象』）。

新聞社側は広告で利益を得ていたが、彼らもGHQや警察には逆らえない。やむなく慰安所関係の広告掲載を拒否するようになった。

その慰安施設が米兵の性欲の捌《は》け口の場になったのは間違いない。ビジネスとしても短期間で大成功を収めた。東京、横浜、大阪など、全国に業者が施設を乱立させた。ところが性病が米将兵へ蔓延し、半年も経たない内にＧＨＱから厳しく批判され、営業閉鎖命令が出た。そこで働いた女性たちは、飢餓の苦しみからは一時的に解放されたが、病気罹患を怖れると同時に、失職する事態となった。

ＲＡＡ（特殊慰安施設協会）の広告は短期間に消えたとはいえ、別の形で継続していた。アメリカン・クラブでも怪しげなコピーが絶えなかった。それは小石川勤労署の広告に見られた。たとえば食堂女給仕には「身長高く容姿端麗なる若い女性」（１９４５年12月22日）、女中には「容姿端麗に細体自信のある者」（１９４６年５月９日）との条件付けがなされた。

ＲＡＡにも英語力が求められたが、それは最低限のカタコトの会話力でよかった。一方、検閲官にはかなり高度の日本語と英語の能力が不可欠であった。

しかし米側の要望にこたえる点では、両者は共通していた。双方の雇い主の求める労働はつい半年前の敵国民への協力である。非国民との批判が日本人多数から浴びせられる点では同じ穴のムジナである。両者とも身をすくめて闇で行動せねばならなかった。双方とも相手の存在を意識的に無視して、それぞれの旧敵軍将兵への奉仕行為をおこなって代償を得た。そのため当時の自身の体験を語ることはまれであった。

2　悲しき中間管理職——日本人監督官ものがたり

DACの任務

「DACに昇格になれば本俸は千二百円、手当が四百円、家族手当が二百四十円。公休手当が七十円、合せてざっと二千円近くになります」

という誘いを蹴ったのは甲斐弦であった（『GHQ検閲官』）。DACこと検閲現場監督官には、検閲官としての日常業務をそつなくこなし、英語力、統率力のある人物が経歴を問わず抜擢された。年月が経つとその人事は、英語力をはかる内部試験やコース試験で選抜されるようになった。

監督官は、検閲官集団の管理・工作面に責任を負う、検閲分野において特殊任務を負う監督者である。監督官は、その高給が日本人検閲官を引き付け、管理職という名誉も付与された。多くの検閲官が昇格に意欲を燃やしたが、そこまでが日本人の身分の頂点であり、それ以上の上昇は望めなかった。

以下は、1945年12月の監督官のマニュアルである。全期を通じ変化はなかった。

1、管理面

a 検閲官の管理――各検閲官の仕事ぶりを評価し、勤務評定する。上司に異動、昇進、解雇などを申告する。

b 出欠をとり、規律を守らせる。

c 検閲スタンプを各人に配布、検閲官への指示書、ガイダンスのファイルつくりなど検閲官に渡す者を管理する。

d 日誌つくり――毎日の郵便物の数、コメント・シートの数、前日の積み残しの数を把握する。

e 上司の指示を各人へ伝達する。

2、工作面

a 検閲内容に責任をとる。

b　検閲官の忠誠心、能力を査定する。
c　検閲物を配布する。
d　検閲の手順を教える。
e　他の部署の情報を得る。
f　検閲の相談をする。
g　コメント・シートの作成相談をする。
h　上司の会に出て指示や情報を得る。

（CCD, Manual of Postal Censorship in Japan 1945.12.8 CIS-5343）

磯貝検閲官から見た監督官の実像

磯貝瑶子（１９２６〜２００６）は、東京女子大学外国語科卒業まもない１９４７年４月９日、ＣＣＤに採用され、48年８月の試験では全体17位の好成績であった（CCD, The Results of Language Differential Test【Written】1948.8 RG331 Box290 Folder22）。

さらに彼女が同時期の英語試験でＡ－50％を得て、仲間の話題となったことを、河野繁子は記憶している。磯貝は47年に目白ヶ丘教会で受洗し、48年９月には上級職で月５

000円の給与を得ていた。職場で英語力に自信を得たのであろう。1949年1月に、「アメリカの駐留軍のもとで働いたり、続々と来日された宣教師の方々のお手伝いをしたり」（磯貝瑶子「証」『目白ヶ丘教会ニュース』2001年7月）していた時、熊野清樹牧師を通じて話のあった、北九州・小倉の西南女学院に就職するためにCCDを退職した。

彼女は河野繁子の所蔵する東京中央郵便局コーラス部の、1949年1月作成の名簿に名を連ねている。そこには新宿区の住所と「ノミ」というニックネームが記されている。西南女学院の後、YMCA、東洋英和学校などの英語教師となった。『私のアントニーア』（W・キャザー著、一粒社、1987年）など、3つの訳書をものしている。

その磯貝が、コーラス部のサークル誌にエッセイ「小魚氏の一日」を寄せていた。ガリ版刷り、1947年6月23日付の誌面であるため、就職してわずか2カ月後の執筆であった。礒貝の所属する班の、男性監督官の一日の行動が描写されている。以下に抜粋・要約して紹介する。

小魚氏の一日（我等のD・A・C観察記）　A Life of Small Fish

気の弱い、魅力に欠ける小もの

幅の狭い、せせこましい流れを、我が世界とばかり泳ぐ小はぜ、もしくはあゆ（少し美しすぎるかな）そんな感じのする彼である。

彼よりも遥かに体の大きい、そして彼よりも遥かに威力あるものの餌食にならぬ事、そして彼よりも弱いものだけを相手にして、小さな世界の権威者としてのみ、生き甲斐ある彼である。

彼は大海にのり出して一働きしようともしない。又そんな意欲はない。ただ時という流れのまにまに、小さい波の動きの中に、小さい世界の支配者として生きている。彼の属する社会とは正に小川である。そこには各種の名の知れない魚のむれが泳いでいる。

彼はその魚のむれの中で、その小川に長年住むからという理由のみで、ＤＡＣなるボスの位置におさまった。しかしながら彼の人格といい、知性といい、他の魚達の多くより、遥かに劣るものがある。そして、彼は弱味を見せまい見せまいとするが故に、なお、それらの遥かに優秀な魚達に馬鹿にされるのである。

彼はそれを意識すると、なお気が弱くなり、なおからいばりをして見せるのである。

彼は人間同志の交り等といった種類のものからは、遥かに遠ざかっているようである。むしろ、もう自分はそんな年は過ぎた、人生の敗北者だとでも思っているらしい。

朝の仕事始め

さて、彼の社会生活の一日を眺めて見よう。

午前八時、彼は小魚のたまり場に姿を現す。ひざを曲げて、ヒョコヒョコと足を運び、そのせせこましい肩と、頭を甚しく左右に振動させて、世紀末の人間のような歩き方である。

ヨレヨレのワイシャツのえり（冬は夏のように汗をかかないので、かえってピンとしている）と、めったに変わらぬこれ又ヨレヨレのネクタイは、彼の家庭をほぼ伺わせる。「オハヨウ」のあいさつは相手の目にチラリとほんの瞬間視線をすべらすが、あとはナナメ前方にその視線がある。そして、形式的に頭をさげる、というよりむしろ、くびから上を全体に前につき出すのである。相手がそれに応えようとする時は、すでに彼の体は相手よりも約三メートル前方にある。彼が席につくと、先ず目につくのは、新しく生けられた花であるが、「ヘンこんなものは一体何になるのだろう。人の目をさえぎるだけなのだ。美しさだって？　うるおいだって？　そんなものが何だ、金があって、うまいものが食えればいいじゃないか」という、冷たい一べつを投げる。しおらしいキキョウの一ひらも、彼の前にあっては悲しくうなだれる他はない。

やがて仕事が始まる。彼のファストデューティは、その支配下に属する人間共の欠席、遅刻を確かめる事である。彼自身早起きは面倒くさい方なので、他人のタイムレコード等は、もっての外なのだが、ACの手前致し方もなく無理に威厳をこしらえてリストをひろげる。黒ぶちの眼鏡の間に3本半からなる八の字を作る。しかつめらしく唇をひきしめるのであるが、小ぢんまりした顔のりんかくでは凡そひきたたない。出欠をとり終ると、彼はまず眼鏡を左から先に外す。小さな目をキョトンとひろげてそれぞれの席につく一人一人の人間を眺める。ひし形の目の中に黒い小さい瞳を忙しく動かせる。

「今日一日又あの下手くそな翻訳にせめられるのか」「若いものは羨しいなあ、もうおれの人生の花もしぼんだのだろうか」「今度の日曜あたり、魚つりでも久しぶりにしてみたいもんだなあ」等々思いめぐらす。やがて誰かが「トランスレイションや如何に」と持って行く。彼は「面倒だがおれのつとめだ」とばかり眼鏡をかける。口の右側をやや上げる。そして下口びるを上よりもたくさんつき出す、歯並は悪い。金歯が二ヶ所。小魚の目のような愛嬌ある光を以ってのぞく。目をいくらか細め、目じりに三、四本のしわをよせて、「そうですねーここんとこはシビルアフェヤ（この云い方特徴あり）【引用者註：検閲要項にある「民間事情」のこと。AからPまで小項目が列挙されている】で出しといてもらいましょうか」と、白い毛の交った頭を下げて机の抽き出しを引っぱり出す。だんだん時が経って、彼のところへは翻訳されたペーパーがたまる。彼はゴシゴシと上半身全部をゆすって字を消しつつ、その目は終始下に向き始めると、セクションは忽ち活気づき始める。即ちモグラ氏は、シウシウトトトンと、手のダンス、オットセイ氏はストトンストトトトントンピーピーヘソヘソヘソ足の拍子を交えた独唱と、一人笑い、アリ氏、マメダヌキ氏等、まじめなお歴々はもくもくとエグザミネイション、或人は内職、或人は夢路をたどり始める。

部下との昼前の便所問答

やがて時計の針も十一時から十二時の間を歩み始めると、小魚氏もそろそろ空腹をおぼえ始め面をあげる。深くなった額のすじをいささかのばして、再び我々一人一人に目を走らせる。この時カニ氏の不在に気づきまゆをひそめる。四十分もまわった頃、赤くなって現れたカニ氏のところへ魚がひれをひらひらさせるように、背広のすそをひるがえしつつ音もたてずに泳いでくる（次の会話は実際にあった事）。

「あんた一体どこへ行ってたんです」「便所です」「便所にしちゃ少し長すぎますね、私はさっきから時間をはかってるんですが、ずーっと席あけてたじゃありませんか」「便所の中で人と話してたんです」「まさか、あんな中で話せるもんですか」「いやもちろん外ですけどね」「便所の中の外だって？　私だって便所に行ってみましたけど居なかったですよ」「便所だって幾つもありますからね」「だって何もわざわざ四階や五階の便所へ行く必要もないじゃありませんか、正直に云ってごらんなさい、どこか外へ出たんでしょう。これから外へ出て行く時はちゃんと云って下さいね、ＡＣのスリッパをもらわないと外へ行かれない事になってるんですから」

云うだけ云ってしまうと、彼は、又ヒレをひるがえして、スイスイと世紀末的に泳いで行く。小言を云ってから坐った後の彼の表情は全く見られない。あごの下に手をくみ合わせて、小さな目を左右に動かし始める。

お昼の弁当

やがてお昼のベル。彼はおそらくお弁当のふたを開くのが一番早いだろう。彼は口の中にものを入れて、かみながらも小さな瞳を我々の上に走らせている。

食べ終わると彼は、まず煙草の火をつける。人によっては煙草をくわえるスタイルに非常に男性的妙味が出るものであるが、彼には凡そ似合わない。金魚の美しいひれをフナにでもつけたような感じの不均合さである。彼は鼻から細々と煙をはきつつまず掲示板へ前進。立ちどまる事、約一分乃至三分、その後は丸ビルへ行き（すぐ帰ってくる）もしくは再び着席、横を向いて、左足を右足の上にのせ、何考えるともなく時間をつぶす。

誰かが話しかけてくれれば、或時は嬉しそうに、或時はうるさそうに答える。全くその時その時によって彼の気圧は上がったり下がったり、山の気候のようであるから、うっかり近よれない。休み時間の楽しさ等、恐らく彼は知らないだろう。

午後の部下との接触

午後の時間は、午前と殆ど同じであるから、クドクドとした描写ははぶいておく。

ただ午後の方が、いくらかねむそうで、そのねむさをまぎらすために吸う煙草の数が午前よりも多いように思われる。トランスレーションのごく小さな間違いもねむけさましのためには、一々御持参である。そして文句を云う時だけは体に似合わぬ大きな声を出す。

「何度もいいますが、あんたはいつでも（これが口ぐせ）こういう使い方をしますが、これはこうした方がいいんですから、これから気をつけて下さい」等と。文学的な美しい文章の表現のつもりで創り出すセンテンスも、彼にあっては、いささかも理解されない。プラクティカル一点張りのセンテンス、単語に無残に書きなおされてしまう。

彼はピープルをピープルとしてしか見得ない人である。パーソンとして見る事の出来ない人である。つまり個々のパーソナリティと接触する術を知らないのである。結局彼自身は、有機的であるのに、他人を無機的に扱うのである。魚のむれ位にしか思っていないのである。同じ小川の流れに住みながら、手下どもをいつも同じ順序に並ばせたりしておく事だけしか出来ないのである。個性というものに交る人間的面白味を知らないのである。パーソナリティの接触、愛の接触を知らないのである。仕事の上でだけ、形式的に上に立っているだけで、人間的に上に立てない人なのである。だから、その人のもつ外形交際術等によってのみその人を測り、屈服したり威張ったりする人なのである。自分を高めよう等という意志はなく、又奉仕等という精神もことさらない。流れのままにまに同じ川の中を泳ぎまわっているのである。大悪人にもなれず、大偉人にもなれない、型破りの事が出来ないし、又それによって冒険的な成功も出来ない人である。

仕事終わりの所作

午後五時十分前、セクションはバタバタと道具を一方に寄せ集め始める。小魚氏は例の如く心配そうに手をすり合わせ、見つめている。案の定お出ましである。「ベルのなる迄は片づけないで下さい。せめてはがきでも眺めてて下さい。ＡＣがうるさいですから」と。

そのくせ彼自身のテーブルの上はちり一つなく、片づいているのである。形式的にハガキをいじって仕事をするふりでもしていればいいらしい。上に立つ資格がないのに、上に立つとそういう事になってしまうのである。まず人格的に人の上に立てなくては、仕事は導けないものである。ベルがなる退場の時迄も、彼は文句をつける。

「早く出すぎちゃだめですよ」そうかと思えば「あんまりゆっくりすると後がつかえますよ」と来る。幼稚園の生徒か、さもなければ、魚のむれでも導く態度である。こうして彼は一日の仕事を終え、小川なる社会から押出され、自由の家庭に向かうのである。疲れきったように膝をまげて歩を運ぶ。彼の囲りには小川ならぬ、大海の荒波が荒れ狂っているのも御存知なく、御存知あっても見ようともせずに歩み行くのである。或いは大海の荒波にもまれれば、危険が多いだけに成功も多い筈であるのに、そんな欲はみじんもない。小さな汚れた小川の水に満足して、毎日毎日間違いなく一分も狂いない泳ぎを続けようとしている。

その後姿を眺めつつ、せめて彼の小川の水の清からん事を、そしてそれによって、幾分かでも彼の生活に喜びがあり、勢のいい音をたてて泳いで行く事の出来る事をのみ祈るのである。（以上）

二十一歳という若さにもかかわらず、磯貝がまれにみる観察力、表現力を持っていたことがよくわかる。全体から伝わってくるのは、管理職である監督官への嫌悪感、あるいは蔑視である。とくに小魚の比喩は興味深い。梅崎光生は比喩として金魚を使っていたが、彼らが毎日数百回使うスタンプには金魚鉢の図柄が入っていたため、連想が似通ってきたと思われる。

「彼のファストデューティは、その支配下に属する人間共の欠席、遅刻を確かめる事である」と言われているので、小魚氏はマニュアルで一番重視されている監督官の任務を忠実に果たしている。「上司の指示を各人へ伝達する」という項目にも合致する行為を日常的におこなっていることも分かる。また「AC」（Assistant Censor：米側検閲補佐官）の意向が2度出ているので、彼が上司に忠実だったことが分かる。渡辺槇夫によれば、3階に米国人のACが、2人の津田塾出の日本人のサポートを得て、業務を監督指揮していたという（「渡辺証言」）。

「検閲内容に責任をとる」という任務においても忠実であったが、難しい訳文には「シビルアフェヤ」という「検閲要項」にある「民間事情」の項目を安易に適用する無責任さや低能力が示唆されている。

なによりも磯貝が、彼について気に食わないのは、班員から監督官に成り上がった彼のパーソナリティのせせこましさ、小市民性である。彼の話しぶりの所作や服装、さらには部下の便所休みへの忠告など、ひとつひとつが癇にさわる。

だが彼女には監督官の置かれている立場の弱さへの理解が足りないようにも見える。彼は上司の会議の末端に位置する、発言力のない敗戦国民の代表者にすぎない。厚い壁の向こうの管理職には昇進できない、日本人検閲者の代表である。日系2世でも差別されているくらいだから、白人専制の管理職の場には足を踏み入れることができない。そんなあわれな存在にすぎない。監督官には、部下の心情や意向を上司との会合で代弁したり、反映させたりすることができなかった。

小魚氏に厳しい目を注ぐ彼女の全文が、奴隷的な境遇にある自身の屈折した感情の表現であることは見逃せない。マニュアルにある「各検閲官の仕事ぶりを評価し、勤務評定する。上司に異動、昇進、解雇などを申告する」という監督官の権限の発動をなによりも恐れているからこそ、彼の一挙手一投足が気になるのであろう。

同誌にはこんな投稿もある。

第二狂人日記（那須弘三郎）

○月○日　カロリーと云えば思い出した。俺の席はＤＡＣに一番近い。だから他の奴等ほど消耗しないそうだ。何て幸福なんだろう。ざまあみろ

身上相談

問　仕事中居眠りが出てどうにも仕方がありません。何とかならないでしょうか。

答　安心して居眠りをしなさい。ＡＣ達は親切ですから、もし貴方が眠っているのを見つけたら、必ずたたき起してくれるでしょう（モノシリ博士解答）

（CCD CHORAL SOCIETY WEEKLY　１９４９年２月21日号）

３階で一番怖い人物にたたき起こされたら、二度と眠くならないだろうとのウィットに富んだユーモアからなるアドバイスである。

監督官は磯貝からも那須からも、全検閲官からの嫌われ者であった。自分の所属する班のピクニックなどの世話役であった湊川繁子も監督官を誘わなかった。ＡＣと監督官は同じ管理ラインにあった。

しかしコーラスサークルの会報を見ると、検閲行為への言及やコメントは一切見られない。つまり彼らが一番気にしている職務を否定する発言はない。それへの言及はＣＣＤ当局による解雇の口実になりかねなかった。毎日仕事をする大部屋には「何とも云えぬ人を抑えつける様な雰囲気にとざされ、不健全そのものを物語っている」と語った青島栄子は、同じ班で才能がある、東大出の男性同僚と知り合い、仕事に希望を抱くようになった（青島栄子「テントウムシのエッセイ」）。

他の会員は、コーラス仲間との交流で、仕事の重圧から解放され、憂さを発散した。その活動のめちゃな明るさは、奴隷的な重圧への反動であった。しかし検閲システムや本業についての批判は仲間内ではタブーであった。そこで限界的な発散の対象となったのが、か弱き監督官であった。彼らへの散発的な批判や陰口は、解雇にはつながりにくかったので、わずかな捌け口になった。

「奴隷」への告示3点

さらに、甲斐弦の、『GHQ検閲官』で引用した「奴隷用掲示板」にあったような「告示」が、東京中央郵便局にも出ていたことを紹介する。

告示1

全日本人勤務者に告ぐ。あなた方は公用や許可がある以外、8時から12時、1時から

5時当建物から離れると俸給が減らされる（引用者註：つまり昼1時間の休憩時間しか離れられない）。
日本人は廊下、洗面所、玄関で休憩時間以外にぶらぶらすると、即時免職となる。
（1948年12月9日　CIS-5733）

告示2
日本人勤務者は辞職届を書面で提出する際、最終勤務日から2週間前に提出しなければならない。この2週間は勤務期間で、休暇を認められない。
この届出をしない者は自己の権利を喪失し、解雇される。

民事検閲部第一通信管区
行政補助官人事課長　1948年11月1日　リラ・M・ヴァン・ホーン
（CIS-5723）

告示3
本日よりエレベータ第二号は以下の時間中は軍人軍嘱のみの使用となる。

午前7時15分~8時15分
午前11時30分~午後1時30分
午後5時~5時20分

1949年7月12日

人事課長　ウィリアム・アラン
(CIS-5736)

GHQ当局の危機感

こうした締め付けで「奴隷」を抑えつけていたCCDも、自由な労働市場に囲まれて、自分の希望する働き場を求めて辞職する者、特に渡辺槇夫や磯貝瑶子など優秀な若者の離脱に危機感を抱いた。1949年に入り、締め付けられた職場を離れ、大学に復帰する者、復興してきた日本企業に入社する者が、目立つようになっていたのだ。

そこでサークル活動への職場空間の提供を行っていたのだが、米人だけで楽しんでいたスポーツやダンスへの招待という慰撫策、宣撫工作の動きを見せた。それが49年8月27日土曜日の午後に開かれた、CCDピクニックである。

そのパンフレットを見ると、ルーズベルト・レクリエーションセンターでのゴルフ、テニス、水泳、ピンポン、ソフトボール、そして夜はダンスの会があった。将校、下士官、軍属と家族の会に、日本人雇用者とその家族も有料での参加を許された。大阪、福岡のCCDでも開かれたようである（CIS-7283）。

CCD要員のヒエラルキーは、以下のように3つにはっきり区別、もとい差別されていた。

将校→下士官→AC（米国白系軍属）
→ACないしAC（日系2世軍属）→F／N（米人以外の外国国籍人）
→DAC（日本人）→J／N（日本人一般検閲者）

黒人は下士官、ACにもいなかった。

先述したように、磯貝の文章に出る「AC」は Assistant Censor の略で、日本人DACや日本人検閲者を監督する白人を指し、大部屋全体を統括していた。磯貝は検閲への嫌悪を示していない。肯定派の女性検閲者の一人であったかもしれない。高い知性は、自己の労働の意味においては無頓着であった。

伊藤和子の不満

伊藤和子は後に弁護士として活躍するが、1943年9月に津田塾を繰り上げ卒業して、東京文理科大学に進学し、終戦を迎えた。津田塾の斡旋で、中央郵便局に短期間勤めた後、CIEへ転じ、CIEではかなり長く勤めた。

初期のアメリカ人スタッフは普通のアメリカ人で、質が良かったが、1947年の2・1ゼネストの後、彼らが帰国し、その替わりとしてやって来たのは、植民地で仕事に就くという考えを持った人たちで、いろいろ問題があったという。津田の先輩でも、このためにGHQを辞めた人が沢山いて、伊藤も1951年にCIEを辞めてから朝起きると、ああ嬉しい、「CIE」に行かなくてもよい、日本の勤めがあると思ったと述べている。

「アメリカ人は個人的には親切だったが、例えば部署の報告書などは日本人には見せず、アメリカ人と日本人はまったく違う世界にいた。占領とはそういうものだ。日本の占領は、占領としてはひじょうに優れていたと思うが、被占領者の立場にある者にとってはほとんど生理的に嫌なものであったし、今でも嫌だという気持ちに変わりはない」

（横浜国際関係史研究会・横浜開港資料館編『図説ドン・ブラウンと昭和の日本』２００５年）

日本人監督官は監督官にあらず

占領軍においては、日系人すらアメリカへの忠節を疑問視されていた。ましてや敵国であった日本人への警戒が緩むことはなかった。検閲への協力が前提だった日本人雇用者であっても、ＣＣＤ幹部への接触は厳禁、幹部のオフィスへの接近も遮断され、常に監視されていた。

日本人は「廊下、洗面所、玄関等ニ於テ、休憩時間以外ニ遊歩スル時ハ即時免職セラルベシ」と「告示」に記されていた。東京中央郵便局の3階でも4階でも、日本人検閲者が行動できるのは大部屋のみで、隣接する小部屋への接近は許されなかった。ましてやその中の情報は知らされなかった。

丁寧に扱われたのは日本人以外の監督官で、白人系アメリカ人４割と、日系人６割の集団であり、その数も２５９人と多かった。彼らはよい給与を求めて日本に来ていた軍属で、ここのＡＣ（検閲補佐官）だった。

ＣＣＤにおいて、将校、下士官は、工作全体を取り仕切る支配層であったが、全体数では１割にも満たなかった。監督官には白人、日系人混成の中間層があり、実質的に検閲業務を仕切っていたのである。

監督官の中でも、白人が発言権を握っていたが、構成員の９割を占める日本人検閲者を日常業務で監督、指導していたのは、日系２世だった。彼らは戦中、本土の日本語学校で日本語リテラシーを高めていた上、検閲業務に熟達しており、１年以上の長期勤務者も多く、日本人雇用者を支配していた。

日本側監督官は、正式の職員分類には出てこない。冷たい対応である。これでは監督官は小魚氏のように、直属の上司ＡＣに気を使わざるを得ない。時と場合によっては、アメリカ側監督官がＡＣとして、日本側を支配していたと思われる。

ＧＨＱの上層部は、先に紹介したように、活動開始直後、日系人の日本語リテラシーに落胆したが、それでも語学学校出の白人よりは、日系人の方が優れていた。そのため、初めは日本人を管理する監督官は白人だったのが、徐々に日系人の比率が高まった。

日系人監督官の方が、日本人検閲者の管理においては好都合な部分が多かった。戦中につかまった日本兵捕虜が、日系人の尋問には素直に応えていたように、検閲の現場でも上からの管理に協力的であった。日系人が戦勝国的態度を示す時には、ひそかに反発したものの、指示には従った。

さらに時間が経過すると、日本人の英訳力は向上したので、監督官の仕事を日本人に任せるようになった。優秀な監督官には高給が支払われた。最初は assistant DAC（補助監督）と呼ばれていた日本人が、閉鎖時には給与表にはＤＡＣとして記録され、その数も１３７名に増加した。

閉鎖時、検閲現場では監督官といえば日本人であったが、管理する側の資料には、検閲官名簿以外には、日本人監督官のことは一切記載されなかった。

木下も岡野も管理職だった

本書に登場した木下順二も岡野直七郎も新井潔も、みな監督官であった。

誇り高い木下といえども、ＣＣＤのヒエラルキーのなかでは末端の中間管理職であった。専門工作部門で働く、秘密工作を担う日本人の専門職は、監督官以上に給与を得ていたが、在職中、工作への発言・関与は許されなかった。木下は第13班の監督官であったが、隣の12班に長くいた河野繁子は、彼の顔に見覚えがないという。木下は当時から、自己の素性を自身の部下にも明かしていなかった。検閲官の多くは戦中の勤め先や職業などを、食事時などの会話で漏らしていたが、木下は自身の前歴も休暇の過ごし方、まして演劇活動などについても一切しゃべらなかったと思われる。

岡野は自著で、このＣＣＤでの関与を文章や短歌でかなり正確に記録している。それでも実際は班長だったのを、「課長」というのは見栄的表現である。彼のこの記述に疑問を抱いた一色哲八が、この課長記述を見栄と断じているのは正しい（一色哲八『天皇制・戦争・短歌　岡野直七郎とその時代』２０１３年）。岡野の短歌にも手記にも部下のことは出てこず、彼ら、彼女らとの交流が分からない。一方上司たる米人への言及もない。彼の精勤に1カ月の有給を与えたのは、ＡＣなど白人であったことは確かであるが、そのコミュニケーションは希薄であったと思われる。

岡野がＧＨＱに就職する2カ月前に、六高短歌会の仲間が、闇物資に手を出さずに配給の食糧だけで生活した結果、衰弱死している。くしくも、やはり配給だけで生活した結果、餓死したと報じられた東京地裁の山口良忠判事が亡くなったのと同じ日だった。
一色によれば、この激しいインフレ下での給与1000円は現在の価値では1000万円に相当(?)したから、岡野は自身の雑誌を1948年元旦に復刊できたという。48年6月時点で、彼は監督官として4310円の給与を得ていた。

あはれなるわが英語だに努めなば世をととのへむ養ひとこそ
アメリカのおくりものとてこの夕べ真白きパンをわれ食みにけり
岡野直七郎

3　キャリアとしての検閲官体験

実績の報告――日本人検閲官への米側評価

アメリカの通信検閲工作での日本人雇用者数がピークに達した1947年5月、GHQは、

「日本での検閲工作はＳＣＡＰ、占領軍、連合軍への辛辣な攻撃を防止するのに役立ってきた。日本の検閲は、民間のコミュニケーションのチャンネルの検査によって、力による転覆、闇市場、窃盗、スパイ、戦争犯罪、逃走犯などから占領軍の安全を守るための信頼できる情報を提供した」

と自己評価している（山本武利『占領期メディア分析』１９９６年）。

「Intelligence Series X」というレポートがある（Operations of Military and Civil Censorship USAFFE/SWPA/AFPAC/FEC,Vol.X,Intelligence Series,1950.WOR2963-2970）。これは、主幹ウィロビー、副主幹プランゲなど、ＣＣＤの歴史課が総力で、マッカーサー軍の太平洋戦争期、日本占領期の「軍事、民事検閲工作」を要約したリーガル版（１９５０年９月）におさめられた２２１頁の長文リポートで、そこでも随所で検閲の総括が行われている。

それによれば、アメリカ本国で戦時中に実施された、通信検閲の手法と経験が、日本占領に際して導入され、プレスコード、検閲要項、キーログなど、マニュアルに沿った量的検閲調査が全国で実施された。ＩＢＭ活用による世論調査の手法を用いた２％から５％のランダム郵便調査と、ミクロ的なウォッチ・リスト調査で、趨勢を把握するのに成功した。ウォッチ・リストによる、偽装、陽動作戦というやり方も取り入れ、手紙開封という露骨な検閲工作を表面で掲げながら、戦犯や右翼に油断を与えて、ウォッチ・リストの人物や周辺からは、精度の高い極秘のインテリジェンスを獲得している。

検閲要項は、利用エージェンシーの多様な調査情報の集積、コメント・シートに基づく専門工作（テクニカル・オペレーション）のマニュアル、極秘の特別郵便検閲班の設置による戦犯追及、軍事裁判でのインテリジェンス獲得に奏功した。その手法はまもなくソ連、中国からの帰還者による反GHQ勢力の監視にも使われたという。

日本人の検閲態度分析については、

「日本人検閲者の教育レベルは高く、高度の能力を持っていた。彼らの多くは占領軍への協力が自国の復興と民主化に貢献するとの真情を吐露していた。占領者への反抗的、敵対的な態度とか自国民からの売国者レッテル貼りへの恐怖感は驚くほどになかった。いやあったとしても隠されていた。しかし日本人従業者の教育や使用での大きな難点は、西洋思想のパターンを理解したり、接近したりする能力が欠けていたことである」

と述べていた。日本人は長期の強固なプロパガンダ、全体的に偏頗な環境、文化的な孤立の中で育っていたので、CCDの教示をなかなか受け入れなかった。そのため、占領軍による工作の方針や基準を間違って捉えていた。故意の誤解とはいえないが、たとえば天皇制についても、アメリカ側の上司の見方が、部下の日本人にまでは浸透しなかった。しかし、こうした岩盤のようなイデオロギー的ハンディも、ＣＣＤと日本人雇用者多数の協働の中で溶解され、克服できたという。

全体的に日本人検閲官への評価が高かったことは、次の文章でもわかる。

「日本人の訓練や検閲工作が進むにつれ、能力があり、信頼できる人員が非常に重要になった。通信部門は他のＣＣＤの部門と同様に、この種の人員が少ないため、多くの問題に直面した。しかし日本での工作が進行するにつれ、こうした人員上の問題点の多くが克服された。能力のないものは解雇され、他の者に交代した。経歴や経験が不十分な人でも仕事にやる気があれば、訓練の機会が与えられた。普通の経歴と経験があれば、通信部門で特殊な仕事ができるように訓練された。もともと日本語ができるくらいで、英語の知識が若干しかない検閲者であっても、訓練を受ければ、手紙が読めるようになった。回転が良く、注意深い性格も持ち、普通以上の記憶力のある日本人なら、事前のフラッシュの仕事を楽にこなせた。ほとんどの工作において、仕事を行いながら、訓練がなされた。事前の指示を最低限しかこなさなくとも、できる範囲での仕事が割り当てられた。義務をうまくこなす者には、さらなる責任ある仕事を割り当てられた」(Intelligence Series X)

そうはいってもCCDは秘密機関として、日本人への警戒を、おさおさ怠らなかった。外国籍雇用者へは、CICや憲兵隊の許可があれば、機密資料の扱いを許可した。しかし、これが日本人にまでは拡大しなかった。日本人雇用者への不用意な情報開示が、工作や軍事施設を危険にする可能性があるとして許可されなかったのだ。また彼らは専門工作部、マスター・ウォッチ・リストの検証、情報記録部のレビュー部門での仕事が認められなかった。そうはいっても、労働力不足の状況は変わらず、安全性とのある程度の妥協が必要とされた。実際CCDでは、日本人6000人に対して、米人500人の比率であった。そのため、コメント・シート作成のプロセス上は、比較的信頼性のある非米人の使用がG-2から許可された。コメント・シートは公的には〝機密〟ではあるが、厳密にはインテリジェンス情報とはみなされなかったからであろう。

日本人が機密資料のある部屋で働けるのは、米人の上司が日本人雇用者の活動を目を離さずにチェックできる時や、機密資料が安全に金庫やスチール製のキャビネットに収納されている場所であった。日本人検閲官が、検閲要項とか他の関連資料を使う時には、それらの資料はその日のうちに、班の監督者に返却せねばならなかった。それは毎日使う、番号入り検閲スタンプでも同様だった。

そして「Intelligence Series X」では、CCDとして自らの活動の総括を次のように行っている。

1　日本のコミュニケーションの管理という最大の軍事目的の達成に貢献した。
2　政治、軍事的な観点から日本に民主的思想を導入した。
3　日本人の通信検閲工作からインテリジェンス価値のあるものを獲得した。

給与以外のメリット

マッカーサーやウィロビーは、太平洋戦争において、日本人捕虜から入手した日本軍のインテリジェンスが、戦争の予想外の早期終了につながったと考えていた。それは戦後も、たとえば陸軍中将であった有末精三（1895〜1992）ら旧将軍の本土上陸直後の雇用や、日本側の陥穽である食糧不足への恩恵贈与作戦、英語リテラシー所有者の大量雇用などで、効果的に実行された。

これらはいわば、カネという形で飴を与える作戦だったと言えるが、それ以外の飴も用意された。若い検閲官に人気の、ダンスやピクニックを各地で主催し援助した。また、定期健診の実施により、検閲現場での医療向上がはかられた（前掲浅川証言）。1949年8月、東京では胸部レントゲン、大便、視力、血液、天然痘接種の定期検査が、聖路加病院、済生会病院、東京慈恵医科大学付属病院、東京医大病院、慶応病院、東大付属病院、順天堂病院といった一流指定病院で実施されていた（CIS-5736）。また、急患の検閲者には、高価なペニシリン投与もなされた（佐野泰彦「陸軍経理学校から復員」『北辰同徳台第六期生史』）。現代風にいえば、福利厚生の充実により、人材確保につとめたわけである。

日本人捕虜の協力を得た太平洋戦争での経験も活用された。帰米2世への差別は露骨でなく、戦力利用の枠に収められた。

惨敗の果ての焼け跡、飢餓の中で苦しむ日本人に、こうしたサプライズ的厚遇を与えたため、雇われた者たちの反米意識が低下し、連合軍や米軍への協力を得ることができた。日本統治の成否は、占領軍に欠けている日本語リテラシーを獲得することができるかどうかにあったので、アメリカン・クラブを通じた日本人材の雇用に全力を注いだ。なおかつ巧妙なことに、彼らへの高給については、日本政府からの賠償金をあてることにした。これは公表されていたため、高給に惹かれて良心を売ったとか、旧敵国の命令に従って、他人の私信を密かに見て旧敵国に渡したという破廉恥行為への自意識を抑え、敗戦国の不名誉を自身で忘れさせるように仕向けられたともいえよう。

いさぎよく敗けては敗けてその国に睦まむことをわれ恥とせず
きはやかに国の敗れしかの日よりわが新しき命は立ちぬ

岡野直七郎

競争心も利用――能力検定試験

検閲者を集団監視的な勤務環境で競わせ、検閲空間と外界とを遮断させる。江藤淳のいう「禁忌」のタブーに相互に触れることによって、検閲行為を秘匿させる。競争原理が導入され、能力給で学歴、性差を無視した職場の登場は、就職市場の民主化を促進する。大量の通信内容をマニュアルで機械的、反復的、条件反射的に判読させられ、思考の自由な遊びを禁じられる。

そこにはまるで反復動作に追われた製糸女工、ベルトコンベアの自動車組み立て工のような日本人検閲官の姿があった。物言わぬ検閲官の姿勢でも、周辺の日本人の心理や行動に段階的に微妙な影響を与えたことだろう。

日本人検閲者たちは、白人将校の支配するCCD上層部の冷徹な監視網が作った検閲メカニズム、その網の中での己の立ち位置に気付くことがないように、ブラック職場での単調な作業、ノルマ達成に追いかけまわされ、またそれに自らも甘んじた。CCDは1年に1、2回の英語能力試験を全員に実施する他、各段階の昇進試験を小規模に、かつ頻繁に実施し、成績に応じた語学手当や昇給の参考にしていた。検閲者はそれへの参加を拒まないどころか、その成績を競ったのである。たとえば渡辺槇夫は、横山など後進に比べて、英語の試験では点数がよかったのに、給与で抜かれて「かなり悔しい思いもさせられました」(「渡辺証言」)という。おそらく彼の英訳は実用性が低いと評価されたのであろう。

検閲官への英語能力試験
1948年8月実施

磯貝瑶子	93点
木下順二	90点
島田　滋	86点
阿佐美健	85点
浅野善治郎	84点
加藤秀子	84点
渡辺槙夫	82点
新井　潔	80点
磯岡（横山）陽子	80点
湊川（河野）繁子	76点

(RG331/290/22/1-4/5 B8657)

成績結果は、語学手当にすぐに反映された。転勤の際にも語学手当が引き継がれた。

49年7月に、大阪から東京に移ってきた桑田志津子、大矢信一は、ともに基本給は6630円であったが、語学手当が前者は30％、後者は20％だったため、給与には差がついた（CIS-5736）。

名簿一覧に出る給与額は基本給で、他に語学手当、地域手当、家族手当などの加算がなされていた。独身者には基本給の55％の手当がついた額が支給されていた。

検閲官は学界、官界、実業界などで期待された高学歴のエリート候補者であった。彼ら彼女らには、少なからぬプライドがあった。しかしＧＨＱ被雇用者としての対応度は文学系か経済法学系であるかによって差異があった。前者は羞恥度、屈辱度が高かったのに対し、後者は低かった。全体的に男性に比べ女性が前向きで、現実を合理的に受けとめていた。

Ⅳ　ＣＣＤ閉鎖決定への急展開

1　ＣＣＤの消滅

①ＣＣＤ雇員の大量解雇

１９４８年から、アメリカで軍事予算を削減する動きが強まった。それに加え日本ではインフレが進行したこともあり、アメリカ本国ではＧＨＱ予算の緊縮の声が高まってきた。ＧＨＱで最も雇用者の多いＣＣＤの日本人検閲者の給与自体は、前述の通り、日本政府が賠償費として負担したが、ワシントンからの指示で、ＧＨＱ本体の費用の削減が組上に上ってきたのだ。

幹部の予算会議で聞かされる組織縮小の声に、ＣＣＤの最高責任者だったウィロビー少将も耳を貸さざるをえなくなった。ソ連にバックアップされた共産主義が、中国での毛沢東の北京支配によって、一層日本に浸透する勢いであることに強い危機感を抱きながらも、ＣＣＤもＧＨＱの合理化に渋々協力せねばならなくなった。そして下された決断は、規模縮小などという折衷的なものではなかった。

１９４９年10月5日、ＣＣＤの閉鎖決定がマッカーサー名で通知されたのである。閉鎖日時は１９４９年10月31日24時と指定された。移行期間として11月10日までの猶予が許されていた（Intelligence Siries X p.93）。その際、日本人監督官や検閲官へのＣＣＤ機密漏洩防止の配慮がなされた。

その後なされた解雇通達は、現場には寝耳に水の衝撃であった。戦前、苦学して専門学校を出た浅野善治郎は、48年2月にＣＣＤに採用された。1年8カ月間、検閲業務の中で懸命に英語力をつけ、48年8月の英語試験では84点を得た。閉鎖前には給与７３４0円の上級職についていた。通達は、浅野が上司から誘われた監督官昇進試験のための研修を受けていた3日目のことだった。５３５９名もの日本人が、高給で安定した職場を一瞬にして失ったことになる。その衝撃はいかほどのものだっただろう。

——「十時半ちょうどに、私達全員は谷底に突き落とされたようなショックを受けた。突然こう言い渡された。『諸君の仕事はただいま終了しました。そのままにして私物を全部持ってお帰りください。月給と退職金は五日後に支払いますから、ここに取りに来てください』。全員呆然として立ち上がり、しばし声も出なかった。ああ！　なんということだ。占領軍の検閲制度が廃止されてしまった。何もかもおしまいだ。お昼休みに皇居のほとりを散歩したのも、コーヒー一杯の薫りに人生の喜びを味わったのも。数百人がいっぺんに職を失い街頭に放り出された。重い足をひきずりながらこのことを妻と妹に話した。彼女らも、まあ！　と言ったきり、どうあとを続けてよいやら言葉もなかった。やれやれ、今度は何回目の職探しか。一年八カ月の安定生活は一瞬にして、もろくもくずれさった」（浅野善治郎『何かをやる』１９７９年）

突然の解雇が彼や家族に与えたショックは大きかった。

また、前出の工藤幸雄は、友人Ｔ教授のＣＣＤ閉鎖体験記を、こう記している。

「当時は学生だった彼の退職金は七万五千円もあった。閉鎖はある朝、とつぜん発表された。その日のうちに閉鎖となったのだ。一千人を超える『検閲官』たちは失職した。なかでも家族持ちの動揺はかくせなかった。朝から、仕事に手をつけず、そのま

表３　閉鎖時の CCD の人員

（1949年10月11日現在）

	将校	下士官	DAC	F/N	J/N	計
CCD本部	12	23	42	7	168	252
PPB東京	9	7	50	17	465	548
仙台	1		1	1	23	26
通信（東京）	14	11	71	33	1812	1941
大阪	16	15	47	28	1448	1554
名古屋	1		1		40	42
松山	1		1		19	21
福岡	7	10	35	13	1068	1133
広島	1		1	1	28	31
札幌	3	1	10		288	302
計	65	67	259	100	5359	5850

出典：CCD, Present Actual Strength, 1949.10.11, CIS-2642

ま待機の指示があって、閉鎖の発表は午後一時ごろ。ワシントンから派遣されたシビリアンの高官の口から直接、閉鎖が申し渡されたときの言葉をT教授は忘れていない。『諸君の打撃はじゅうぶんに理解できる。だが、日本国における信書の自由は今日以降、回復される。この自由の回復に大いなる喜びを見いだしていただきたい』」

（工藤幸雄「私は手紙を『検閲』した」『中央公論 歴史と人物』１９８３年６月号）

さんざん検閲をさせておいて、「自由の回復に大いなる喜び」を見いだせとはずいぶんな物言いにもみえるが、一方で日本の自由を制限していた自覚が十分にあったことを正直に語ったともいえる。

東京の他、仙台、名古屋、大阪、福岡にあったＣＣＤも、この日同時に閉鎖となった。占領期最大級の日本人雇用者の集団解雇であった。５０００人ほどの雇用が一挙に消えた。30日前の解雇通知の約束などホゴにされた。それでもあまりに残酷な首切りであるため、気がとがめたのであろう。再就職に役立てるために全員に推薦状や在職証明書を発行した（山地久造「インタビュー　日本の敗戦期と敗戦後に生きる」『平和文化研究』第28号）。

しかし、ＣＣＤから流出した失業者で溢れた労働市場は厳しかった。組合からの救援・自助活動は見られなかった。それでも河野繁子は就職戦線をかいくぐって、横浜の商社に就職できた。その際、和文、英文の在職証明書が役立ったという。

渡辺槇夫はすでに半年前、ＤＰＳを辞めて朝日新聞記者になっていた。

「ＤＰＳにいた私の友人で、昭和二五年春に商事会社に就職した者がいますが、問い合わせたところ、ＤＰＳがなくなった秋から入社する春迄の間、仕事がなくてブラブラしたということを聞いた覚えがあります」（「渡辺証言」）

こうして日本から検閲官の姿は消えた。ＣＣＤの幹部は、この検閲の仕組みをまねた秘密機関を、独立後の日本が作ったり、訓練した検閲官を引き継ぐことを警戒していた。幸いとすべきは、唐突なＣＣＤ閉鎖で彼らが再結集する余裕がなく、雲散霧消したことである。再結集は杞憂に過ぎなかった。

その後にできた内閣情報室や公安調査庁の規模は小さく、諜報的姿勢は弱かった。退職者は再就職先の確保に全力を注がねばならず、体験を語る勇気も告発する気力もなかった。ＣＣＤ勤務中に、ＣＣＤや背後の米軍機関への恐怖を植え付けられていた。彼らがその体験を語るようになるのに、一定の年数が必要だったことは、本書の冒頭で述べた通りである。

解散時に、優遇していた検閲者に、ＣＣＤの秘密暴露禁止を強要したのかどうか、黙契の有無はいまだ判っていない。

ＣＩＡ【(Central Intelligence Agency) 中央諜報局】の前身であった、ＯＳＳ【(Office of Strategic Services) 戦略諜報局】は、終戦直後の解散時に黙契の契約書を、協力者であった日系2世と交わしたと思われる。ＯＳＳ創立者であり、指導者であったウィリアム・ドノバン少将は、日本がポツダム宣言を受諾した6日後の45年8月20日付で、坂井米夫など日系協力者あてに、「ＯＳＳや他の機関のファイルに機密として指定されている全ての情報」「秘密ないし隠蔽作戦に用いられた特殊な技術、手段、方法、要員の身元を含む全ての作戦の内容」「ＯＳＳに相当する機関の名前、組織、機能、要員に関するあらゆる種類の言及」という禁止事項を列挙し、印刷した誓約書を交わしている（山本武利『ブラック・プロパガンダ』２００２年）。

これは坂井の『私の遺言』などの著書のどこにもないが、筆者がＵＣＬＡ図書館の坂井文書のフォルダーで見つけた。坂井はＣＣＤに関係しなかったが、ここにあるＯＳＳに相当するところを、ＣＣＤに書き換えた誓約書が、ＣＣＤ解散時に交わされたのではないか、という憶測が出てくるのである。監督官の肩書のある日本人は、その黙契に参与させられたために、その体験を占領終了後も語らなかったのではないだろうか。

②交渉力なき職員労組

組合は突然の閉鎖通告に対して、反発ないしはストをうつなどの抵抗を示さなかったのだろうか。

組合員の権利と利益を守るための、連合軍日本人職員組合（連盟）があるにはあった。1947年1月31日に、CIEの労組結成を契機に、ESS（経済科学局）、ATIS（翻訳通訳部）さらにはCCDに労組が誕生していた。連盟は1947年10月30日に、調達庁である終戦連絡中央事務局と団体協約を締結した。その調達庁は大蔵省の認可を経て、終戦処理費から給与を払っていた。しかし使用者としてのGHQが、現場の給与額を決める最終権限を握っていた。連盟の要望はこの中央事務局を通じ、日本政府ならびにGHQに伝えられた（「団体協約」CIS-5730）。

CCDの中ではDPS（中央郵便局）の1100人を筆頭に、PPB（プレス・映画・放送部門）158人、TELE（中央電信電話局）57人の順に所属組合員が多かった（「連盟情報」1948年3月10日創刊号、CIS-5735）。

ＤＰＳの組織率はそれほど高くはなかったが、その人数において連盟の中では圧倒的であった。どの単組でも英語が重視されていたので、「語学加給金」の増額が闘争の中心であった。ストで要求を達成するといった当事者能力はなく、ＧＨＱ側、日本政府側への経済・労働条件改善要求が中心であった。政府はＧＨＱに何も言えなかった。ＧＨＱ側の決定には無条件で従うのが慣行で、したがって政府はＣＣＤ閉鎖の決定も呑まざるを得なかった。

退職金は支払われたが、その金額の評価は人によってまちまちである。解雇通知は30日前という約束は守られず、即日解雇であった。

③ＣＣＤの検閲施設と場所・面積の全貌

ＧＨＱの日本統治のために、ＣＣＤは占領開始とともに活動を開始し、占領支配が相対的に安定した１９４９年10月31日に廃止された。東京のほか札幌、仙台、名古屋、大阪、福岡にもあったＣＣＤも、この日同時に閉鎖となった（表４参照）。

この閉鎖時に初めて本部、支部の所在地や、規模の全貌を示した資料が内部で作られた。短期間でスムーズに閉鎖できるよう、急いでまとめられたのである。筆者はこの関

場所		部門	接収面積 (平方フィート)	閉鎖予定日
大阪	綿業会館	本部	53,105	1949年11月10日
	朝日新聞社	PPB		1949年11月1日
	パーキングロット大阪		22,507	1949年11月10日
	大阪中央郵便局	郵便	52,862	1949年11月1日
	大阪電信局	電報	3,707	1949年11月1日
	大阪電話局	電話	1,335	1949年11月1日
	大阪放送局	放送	845	1949年11月1日
名古屋	三井物産名古屋	本部		1949年10月25日
	名古屋三井駐車場			1949年10月25日
	名古屋放送局			1949年10月25日
松山	松山市役所			
	個人宅			
	松山放送局			
福岡	松屋ビル	本部(電信を除く)		1949年11月1日
	中央電信会館	電信電話		
	共進亭ホテル			
	松下ガレージ			
広島	広島放送局			1949年10月25日
札幌	札幌放送局			
	食品配送センター			1949年11月6日

出典：CCD, Release of CCD Buildings,1949.10.22,CIS-2641

表4　各地のCCD検閲場所と閉鎖予定日

場所		部門	接収面積（平方フィート）	閉鎖予定日
東京	日本燃料機ビル（NNKK）	総本部	26,329	1949年11月10日
	コーシン駐車場		2,908	1949年11月1日
	東京自動車駐車場		4,227	1949年11月2日
	東京中央郵便局	郵便	72,700	1949年11月8日
		PPB（出版）		
	東京中央電信局	電報	3,669	1949年11月9日
	東京中央電話局	電話	1,650	1949年10月31日
	関東配電株式会社	PPB本部	12,200	1949年11月10日
	内務省	PPB（映画）	4,722	1949年10月28日
	市政会館	PPB（プレス）	2,926	1949年10月27日
	松竹倉庫	映画フィルム、劇台本、新聞、雑誌の保管	2,394	1949年11月10日
	東京放送会館	PPB（放送）	670	1949年10月25日
仙台	仙台放送局		866	1949年10月25日

連資料をＣＣＤ研究に不可欠とみなして、長年追究してきたが、ＣＣＤの閉鎖過程の資料群の中から、２０１９年11月にようやく、アメリカ国立公文書館で発見することができた。

④検閲官集団の行方

占領者には、敗戦国民の羞恥、苦痛、罪悪感などを理解できない、上から目線の傲慢な者が多かったが、その工作の基軸が民主主義の向上にあったため、究極的には日本人多数の共感を得た。

敗戦から2、3年もたつと、多くの郵便利用者は、自らの投函する手紙が、占領軍によって開封されて読まれていることを認識していた。先の久保田真苗の証言にあるように、「誰一人として、日常の挨拶や祝いの言葉以上のことを、あえて手紙に書きそうにはなかった」と明言する。「それは一部には、ＧＨＱによる封書や電話など、通信の検閲に関する噂が広まっているから」であった。

「くどくどと愛を告げたるわが手紙は占領軍の検閲受けぬ」

という短歌を『アララギ』48年7月号に投稿したのは山中清一である（『昭和萬葉集』

第8巻)。郵便物の中で、もっとも大切なプライバシーにあたる恋文を、検閲者に読まれることを覚悟の上で、若者たちは投函していた。日本人全体が、占領者にプライバシーを掌握されていることを知りながら、おとなしくしていた。

検閲者の多くは自らの体験を語らなかったし、私的に語っても公には認めなかった。本書で紹介した人物は、何らかの形でその経験を公言した、数少ない元検閲者たちである。

恥ずべき点としては、新憲法の禁じる通信の秘密侵害、言論弾圧への協力にあった。日本人検閲者の多くは、終戦まで軍国主義、天皇崇拝のイデオロギーの所有者であった。しかし占領軍から支給された給与が、彼らを飢餓から救ったのは事実である。検閲要項その他のマニュアルとの接触や、検閲作業で思考の範囲を枠づけられ、軍国主義排除、反共と民主主義というアメリカ的思考様式に、いわば洗脳され、自己の行為を合理化もしただろう。

また、日本人全体がアメリカの占領方針に従順になり、検閲官らの行為を批判できなくなっていた。それどころか検閲官自身が、検閲体験で英語力を高め、退職後のビジネス上のキャリアとして売り物にする傾向が、独立後、徐々に顕在化してきた。江藤が気付かなかっただけで、実は自身で自分の履歴に「検閲官」と名乗るケースすらあった。

原（中岡）百代（1912〜1991、作家・翻訳家）の、1952年版『文化人名録』には、

「津田英学塾卒、米国CCD検閲官、米軍民事局翻訳課」

とある。彼女はCCD資料によると、1947年4月14日にCCDに入り、49年9月には上級職で給与は7580円であった。

音楽評論家だった佐藤進は、1958年刊の『音楽年鑑』で履歴に「米軍翻訳官」とある。彼は上級翻訳者で48年8月に入り、49年9月には給与7580円のTech Exp（DAC）であった。

江藤淳を教えた日比谷高校講師の正井暉雄《てるお》は、1962年・63年版の『著作権台帳』では「GHQ翻訳官」とある。彼は1946年3月18日にCCDに採用され、49年9月には給与7880円の上級職となっていた。

阿佐美健は1925年7月生まれで、1946年7月にCCDに採用された。木下順

二の出た熊本第五高校中退の、最若年クラスの検閲官であった（『昭和人物辞典Ⅱ、第１巻東京編』）。１９４９年９月には、木下と同じクラスの Tech Exp となり、木下を上まわる８０１０円の給与を得ている。ＣＣＤ閉鎖後に阿佐ヶ谷タイピスト学院主事に転じ、タイプライター業界の幹部となった。

多数の検閲官を集団的検閲空間で競わせ、監視する。検閲空間と外界とを遮断する。大量の郵便物をマシーンのように正確に判読させ、思考の遊びを禁じる。検閲メカニズムの中での、闇のネットワークの存在を分からせぬよう、職場でブラック空間を設定する。

反面、競争原理を導入し、能力給で学歴、性差を無視し、就職市場の民主化、効率化を進める。アメリカ資本やアメリカ的教育が、検閲で鍛えられた高英語リテラシーの職場を拡大し、「検閲官」の需要やステータスを年々高めた。

アメリカは戦時下の自国、占領支配下のドイツ、韓国でも検閲を実行したが、それは通信検閲に限られ、メディア検閲は例外的にしか実行しなかった。占領下の日本ほどアメリカによる検閲が密なところはなかった。

⑤エリートになれなかった検閲官

戦後50年の1995年、終戦時や占領期の回顧録や証言が多数出たが、郵便検閲者の証言を記した先の『GHQ検閲官』が、筆者の手に入った唯一の検閲官ものである。それも流通が限られた福岡の出版社から出たものを運よく入手したにすぎない。江藤淳によれば、CCDやATIS（翻訳通訳部）に勤務した日本人を合計すれば、「その数は優に一万人以上にのぼると思われるが、そのなかにのちに革新自治体の首長、大会社の役員、国際弁護士、著名なジャーナリスト、学術雑誌の編集長、大学教授等々になった人々が含まれていることは、一部で公然の秘密になっている。もとよりそのうちの誰一人として、経歴にCCD勤務の事実を記載している人はない」（前掲書）という。また江藤は、長洲一二・元神奈川県知事（1919～1999）など、東京裁判の検察側証人の事務所に雇われた人々を、誤って検閲官のグループに入れてしまった。

かなり高度な英語力を必要としたCCD勤務の日本人は、大学生や大学卒の比較的若い人々が多く、彼らがエリートの卵であったことは確かである。

最盛期のCCDには、1948～49年の両年にかけて、第I区だけで6800人の日本人が働いていた（複数年度働いた者も1人として計算）。占領期の日本全体での日本人の郵便検閲者はその2倍強、4年間余りの検閲期間に、郵便・電信電話とＰＰＢを含めた全体では、優に2万人くらいいたと筆者は推計する。となると、江藤の考えるように、全員が全員エリート集団の一員とはなれなかった。

英語リテラシーは、日本独立後のエリート集団の必須条件であったが、英会話、英作文よりも、実用読解力が重視されたため、学界でも実務でもＣＣＤ体験への評価は高くなかった。

したがって体験者は短大、新制大学での教職者に採用されたものの、旧帝大での地位は確保し難かった。女性の実力が高く評価されたＣＣＤ出身者も、閉鎖後に英語リテラシーで採用されるのは一部女子大学卒に限定され、教職に就いても女子中高教諭職にとどまった。一部の上昇志向の強い者は、女性を比較的優遇する厚生省などのキャリア職に就いたが、それは僅少であった。女性の大部分は、結婚で家庭に入る人がまだ多かったが、子孫への養育の際には体験が生かされた。

日本のインテリジェンス機関や自衛隊に転職した元検閲官は若干いただろうが、その実名は一人も分からない。むしろＧＨＱの他の機関に転じた者はかなりの数となったと推測する。そのころ進出してきたＣＩＡにスカウトされた者も、皆無ではなかろう。

日系2世で、CCD福岡において日本人監督官を教育した川口コウジロウは、退職時のCIAの誘いに乗らなかったことを示唆しているが、彼や2世監督官を媒介にした、日本人へのCIAからのスカウト工作には注意しておきたい。

⑥「負け組」だった参謀本部高級幕僚の暗躍

「勝ち組」「負け組」という言葉がある。「勝ち組」とは日本からの短波放送を受信して「日本は戦争に勝った」と敗戦後も信じていたブラジルなどの日系移民を指す。一方「日本は戦争に負けた」と認識していた「負け組」もいた。本国日本でも、戦中は「勝ち組」が圧倒的多数であったが、軍部や政府には、日本の敗戦を冷徹に認識しつつ、国民に事実上の敗北戦況を隠し、国民に勝利の幻想を植え付ける悪質な連中がいた。彼らは意図的に国民をだまし、「勝ち組」を培養し、多数を無残な死に追い込んだ。

終戦期に自軍の惨敗必至を知りつつ、自身の敗戦後の身の処し方を計算し、自国の重要インテリジェンスを旧敵国に売り込む行為を行った、有末精三中将（戦争終結時の参謀本部第二部長）や服部卓四郎大佐（1901〜1960）らは、売国奴以外の何者でもなかった。彼らは専門知識を旧敵国に最高値で売り込み、占領の手助けをした。

マッカーサーは彼らを通じ、東京裁判の遂行、ソ連の対日侵略防止目的の占領を効率的に達成した。ウィロビーは1945年9月、最初の日本人協力者をリクルートすることで、敗戦国日本の諜報機関を牛耳ることになった。

「実際、マニラの会合は有末、河辺とその同僚にとってこれ以上ないほどうまくいった。有末は9月5日にウィロビーに招かれ、G－2の中に彼自身のインテリジェンス部隊をつくることになった。それは有末が「即座に」つかみ取った好機だった。彼は日本郵船会社のビルにオフィスを与えられ、アジア太平洋戦争の戦史を書く助けとして200人の日本人スタッフ――そのほとんどが帝国陸軍情報部での彼の部下であった――を雇うことを許された」

（リチャード・Ｊ・サミュエルズ、小谷賢訳『特務――日本のインテリジェンス・コミュニティの歴史』2020年）

「有末陸軍中将は一九四五年の夏、戦勝国に提出するための諜報関係資料を秘密裏に集めていた。それが、敗戦後自分自身の身を守ることになると考えていたのだった。多くの高位にある軍人同輩と同じように、戦争犯罪者として起訴される可能性もあった。が、有末はかつての敵の秘密工作員となることを自ら申し出たのである。(中略)ウィロビーの最初の指示は、日本の共産主義者に対する隠密工作を計画し、実施せよというものだった。有末はこれを受けて、参謀次長の河辺虎四郎に協力を求め、河辺は高級指揮者のチーム編成にとりかかった」

(ティム・ワイナー・藤田博司他訳『CIA秘録 上』(2008年)

彼らは占領者を手助けしつつ、自身の戦犯化、家族の窮乏化を回避し、CCDのウォッチ・リストの作成や追及で、旧軍同僚を追い込んだ。東京裁判の司法取引で連合国軍側証人となって、東條英機被告らを公判で糾弾した田中隆吉少将(1893〜1972)のようなケースは珍しかった。一方、有末のように裏で占領軍に協力した旧幕僚が多かった。

彼ら高級幹部の戦後の日常の一端を覗いてみよう。

「大抵は服部氏の家に集まった。昼はそれぞれの仕事があるので会合は夜。服部氏や田中兼五郎君なんかは郵船ビルの事務所におった……それが二三年の暮れから二四年の暮れまで。それをやりながら、夜、服部氏の家に行って皆と話し合っていたんです」（「井本熊男・インタビュー記録」１９８０・８・27。大嶽秀夫『戦後日本防衛問題資料集』第一巻）

【引用者註：井本熊男（１９０３～２０００）は陸軍大佐。戦後は自衛隊幹部学校校長】

有末は「進駐軍というのは飯はうまいしアイスクリームは食える」（『朝日ジャーナル』１９７６年5月7日号）と語っている。

ウィロビーの直轄だった機関は、

「河辺さんを中心として集まっていました。河辺さんは、ご存知のように終戦のときにフィリピンに行ったでしょう。そこでウィロビーと知り合った。（中略）ウィロビーは河辺さんを非常に信頼しておった。この河辺機関の事務所は転々としました。秘密を第一としていましたからね。一番最初は東京・北区の十条にあった米軍キャンプ内でね。そこに五つぐらいの部屋をもらって仕事したんです。あの当時は食糧事情が極端に悪かったが、あのキャンプ内では毎日たらふく食わせてくれて、タバコなんかでものみ放題だったから、私など、それが楽しみで毎日行ったものですよ。二十六年に講和条約が発効するまで続いていました」
（「辰巳栄一・インタビュー記録」１９８０・７・30。同書）

【引用者註：河辺＝河辺虎四郎（１８９０〜１９６０）は敗戦時に参謀次長として連合国とマニラにて会談。辰巳栄一（１８９５〜１９８８）は陸軍中将。吉田茂の腹心として吉田内閣時の軍事顧問を務めながらＣＩＡに協力】

彼らに比べれば、検閲官の無条件肯定派も緘黙派も罪は軽かった。ましてや罪や恥を自覚する人々は良心派であった。

2　ＣＣＤ所蔵資料の行方

ＣＣＤの工作は、通信工作とメディア工作の２つに大別されていた。

通信工作のうち、通期で郵便は2億通、電報は1億３６００万通開封され、電話は80万回も盗聴された。重要な傍受情報は、それぞれのケースごとにコメント・シートがつくられ、東京のＣＣＤ本部に送られた。その数は45万通に達している。郵便については急遽閉鎖が決定されたため、全国のＣＣＤ拠点で活動記録の処分方法について短期間での対応、決定を急がねばならなかった。

敗戦処理ではないので、ＣＣＤの活動を歴史的に保存する方策が比較的余裕をもって検討された。全国の支部への司令を示す資料は見つからないが、基本的には第Ⅰ区の東京への集中がなされていたと思われる。ＣＣＤは、短期で終わる予定の占領活動工作であったので、日頃から中央集中が志向されていた。また極秘活動であったので、１カ所集中が保管上好都合との判断もあったようである。

①コメント・シート、ウォッチ・リスト、ＰＰＢメディアの争奪

コメント・シートと並んで重視されたのは、検閲活動、傍受活動を効率的に推進するための重要な道具だったウォッチ・リストである。これは過激活動や不法活動を行って、ＧＨＱの治安や統治を混乱させる恐れのある要監視の人物、組織の名前、住所などを載せた名簿である。

この作成は情報記録部が担当した。ウォッチ・リストは照合の際に使いやすいように、パネルで整理されていた。リストはＣＣＤ東京本部で作成、印刷された。地方の各本部、

支部に送る全国版、マスター・ウォッチ・リスト（ＭＷＬ）と呼ばれるものと、各地ＣＣＤの管内の事情を反映させて作成する地方版、ローカル・ウォッチ・リスト（ＬＷＬ）があった。

一方、ＰＰＢが取り扱った書籍、雑誌、新聞などの刊行物は、ＣＣＤ発足時から東京で集中して管理されていた。これらはそれぞれ数十万部、数百万枚ともなる、膨大な数量である。それらはタイトルがカード化され、分類保管がされていたようだ。解散直前につくられた月日不明の資料では、書籍は松竹倉庫４万７５７１冊、中央郵便局２万３３００冊、雑誌・定期刊行物は松竹倉庫４万７９１６点、中央郵便局３万４３７１点と分散所蔵された。また新聞は松竹倉庫38万４１４５、関東配電27万５１８４、市政会館２万５３６１と、３カ所に分散されていた。この資料をまとめた人はおそらくＣＣＤ資料、アーカイブスの専門家であろうが、書籍について次のようなコメントを付記している。

「強く主張しておきたいのは、この書籍資料はきちんと保管されていて、敗戦後の日本の全書籍を集めた唯一、完全なものである。これは永遠に計り知れない価値を持っ

ているもので、究極的には米国議会図書館に所蔵されるべきである」(CIS-2641)

②ウィロビー・コレクションの提唱

ＣＣＤ閉鎖発表間もない、１９４９年11月27日付で、次のような文書がＧ－２内部に出回った。

「メリーランド大学はワシントンとボルティモアからわずか二、三マイルである。したがって、上記資料を仕事に使用したい人は、誰でも容易に利用することができる。第三に、メリーランド大学は、ウィロビー将軍が指示する通りの形で、同資料を所蔵することになる。したがって、Ｇ－２コレクションとして、そのまま完全な状態で保管される可能性があるし、日本占領におけるＧ－２の仕事の、一局面を想起させる記録として残る可能性がある。第四に、同資料は、将軍がいつでも自由に使うことができるし、退任後も、好きなように使うことができる。第五に、我々は、同資料の所蔵用に特別の部屋(複数)を手配準備し、ウィロビー・コレクション等と称することができる。以上が、小生がこの資料をメリーランドに送ってもらいたいと思う直接的理由である。理由はほかにもあるが、当面は、これらの理由だけで十分であろう」

この資料群がメリーランド大学の所有物となる運命にあることを、CCDの実力者、ウィロビーが最初に明示している貴重な文書である。文書の受取人はプランゲ資料副主任である。部内メモにすぎないが、各幹部に通達した点で、ほぼ決定とみてよい。あとは将軍ウィロビーの最終決定文書を待つだけであった。

プランゲはここぞとばかりに、将軍の自尊心をくすぐった。彼自身の退任後に自由に使用できる同大学の広大な特別室、その名も「ウィロビー・コレクション」と掲げられたスペースにCCD資料が移管される。ミニ・マッカーサーとして「日本占領におけるG－2の仕事の一局面」を想起しながら殿様のように過ごせるという好条件を並べ立てた。

このG－2、CCDを取り仕切るワンマン将軍を最高に持ち上げたプランゲの文章は、内部で先に出ていた、議会図書館や他大学への移管を唱える異論や反論を一蹴し、CCD閉鎖直前という絶好のタイミングで、同大学への移管路線を公然化した。

それにしても「ウィロビー・コレクション」とはよく言ったものである。プランゲ、ウィロビーと、メリーランド大学学長ハリー・Ｃ・バード間の当時の書簡を同大学アーカイブスで精査し分析した和田敦彦（早稲田大学教授）によれば、

「これらコレクションを一括して分散させずにコレクションとして管理すること、ウィロビー日本文献コレクションと名付けること、また日本文献調査の専門図書室を設けてウィロビー・リーディンググルームと名付けること」

という手紙が、このＣＣＤ資料の翌日の１９４９年11月28日付で、ウィロビーから学長に送られたという（和田敦彦『書物の日米関係――リテラシー史に向けて』２００７年）。

ただしこの時点では、ウィロビーは同大学への移管を勧めるといって、最終決定に留保をつけ、複数の私立大学が競合していることを示唆している。和田が詳述しているように、ＧＨＱの資源環境部の責任者が中心となった、彼らの母校のスタンフォード大学からの働きかけもあった。ミシガン大学やハーバード大学からの要請も受けている。

これらＧＨＱ内部からの攻勢がある中で、研究の実績のないメリーランド大学への移管決定には、ウィロビーでも二の足を踏む思いがあった。軍関係者による旧軍資料の移管決定に、法律上の問題があるのではないか。それに機密指定の解除がなされたとしても、批判を受ける可能性があるかもしれない……。

しかし、最高権力者マッカーサーの、太平洋戦史の執筆責任者としてのプランゲへの評価期待（マッカーサーを褒め称えること）は大きい。学長はウィロビーの要請で、現職教授を編纂責任者として特別に長期派遣してくれた。その恩義がある。マッカーサーもプランゲに面識があり、彼の功労に報いたいと思っていた。もちろんウィロビー自身にも表には出さないが、ウィロビー・コレクションとしてその名を遺す野心が出てくる。

ＣＣＤ閉鎖発表を予測していたかのように現れた文書は、いずれもＣＣＤが活動中に残してきた資料群の置き場が切迫していることを記している。閉鎖決定通知と共に、地方の本部、支部から東京の関係部局に資料が流入し、ただでさえ窮屈だった事務所や保管所にそれらが氾濫し始めた。ＣＣＤ本部のあったＮＮＫビルや松竹倉庫に集中したが、すぐに満杯となった。やむなく東京や、周辺にある軍の格納庫が仮置き場となった。そこで流入資料は整理され、海外に発送するための荷造りがなされた。

③メリーランド大学プランゲ・コレクションの誕生

ウィロビーの意思表明から1カ月経った１９４９年12月29日付で、プランゲからバード学長あてに、メリーランド大学への資料の移管が正式に決定したとの通知があった。

そこでは資料についての説明が以下のように記されている（メリーランド大学・マッケルディン図書館所蔵）。

1、７万８７１冊の、日本の書籍のＣＣＤコレクション。この書籍資料はきちんと保管されていて、敗戦後の日本の全書籍を集めた唯一、完全なものである。これは永遠に計り知れない価値を持っている。

2、８万２２８７冊の、日本の雑誌と定期刊行物のＣＣＤコレクション。日本の占領当初から現在にいたるまで、価値ある雑誌を網羅しているので、マッカーサー将軍支配下の日本の諸問題を追究するまじめな学徒に役立つ。

3、68万９６９０件の日本の新聞のＣＣＤコレクション。占領期の日本の新聞に関しては、どの図書館も所有できないような最大に価値ある収集物である。そこには占領当初から現在までの、東京主要紙から各府県の地方紙まで、すべて網羅している。１９４６年、１９４７年、１９４８年、１９４９年の日本の共産党の新聞の完璧なコレクションも含む。

プランゲは突然の閉鎖決定のどさくさという、千載一遇のチャンスを巧みに利用し、大量のメディア資料を獲得した。ただし彼が願望したコメント・シート獲得の成否は分からない。ともかくアメリカ有力大学の資料収集グループの目を盗んで、メリーランド大学への資料移管を成功させたプランゲであるから、日系人や日本人検閲者にその存在を気づかれないようにすることなど朝飯前であっただろうし、たとえ彼らが感づいたとしても、敗戦国側としては文句が言えないことも知っていただろう。

CCD閉鎖から、資料がメリーランド大学へ移管するまでの数カ月の間に集中した、CCD内部や関係者の争奪戦の中で、日本のことが登場したり、日本人の貢献を語られたりすることはなかった。

ウィロビーにしろ、プランゲにしろ、あるいはマッカーサーにしろ、コレクションのインテリジェンス的価値を見抜いていたのは慧眼だった。それは「マッカーサー将軍支配下の日本の諸問題を追究」できるだけでなく、ファシズムであり、軍事国家であった日本との再戦の際に利用できる、かけがえのない資料であると見なしていたからこそ、CCD工作中から整理、保存しようとしたのである。日本人側はその存在を知らなかったし、知っても価値が分からなかったろう。

このコレクションは、敗戦国日本の言論、通信が幅広く検閲された時期の負の刻印（スティグマ）である。そのコレクション作成のために、旧敵国に動員されたのは日本人検閲者である。その数は筆者の推定で2万人もいた。彼らは高学歴者であったが、貧窮に喘いでいて、高給に目を奪われ、捕虜、極端な場合には奴隷のような心情で、汚名をしのんで、米側の命令のまま、自国民の言動を検閲で盗み見したり、盗み聞いたり、密告したりしていた。また、ＣＣＤ雇用者ほどではないにしろ、被占領者として、米側の統制や命令に従ったのは全国民であり、全メディアであった。一部の国民やメディアは検閲をめぐり、限定的な抵抗、ないし闘争を占領者に対して行った側面も見逃せないが、ＧＨＱを脅かすほどの勢力とはならなかった。

本書で使ったＣＣＤ閉鎖時の資料には〝dispose〟（処分）、〝send〟（発送）、〝transfer〟（移転）、〝burn〟（焼却、焚書）といったことばが出る。さすがに〝abduct〟（拉致）は出ないが、これらの無機質な言葉の端々に、この米軍のやり方は、どさくさにまぎれて、敗戦国の資産を戦勝国が戦利品として無断に持ち去る行為であることを示している。

したがって、その資料は拉致された資料に他ならない。これらの返還要求は、敗戦国民の正当な権利である。その資料は日本人が作ったかけがえのないものである。それを検証するための貴重な記録を丸ごと外国に持って行かれて、囲い込まれて、自由にアクセスできなくなった。その著作権までもが軽視されてきたことに沈黙しているのは、どういうことなのか。返還要求しないのは、なぜか。

ＣＣＤが残した資料群は、１９７８年にメリーランド大学プランゲ・コレクションとなった。その名をウィロビー・コレクションとした方が、拉致された資料名としてはふさわしかっただろう。

ともかくこのコレクションは日本にとって永遠に計り知れない価値を持っているものであるから、究極的には日本の国立国会図書館、ないしは国立公文書館に返還されるべきである、と私は考えている。

あとがき

東京駅前の東京中央郵便局は、現在は近代的な高層ビルとなっているが、低層階部分は歴史的建造物であった前身を生かした商業施設になっている。趣のある建物の4階には、旧局長室が復元・保存され、観光施設として公開されており、そのレトロな内装には当時の雰囲気がにじんでいる。窓からは東京駅が見渡せ、ここで静かに手紙を書くことも出来るという。

だが、ここを訪れる観光客の中で、この建物こそがまさに検閲の最大の現場であったことを知る人は少ない。ましてや旧局長室のあった4階こそ、専門工作部の中心であったことなど、思いもよらないだろう。だが、今では観光客が手紙を書くこの空間で、七十数年前には、手紙が次々と開封され、翻訳され、占領軍に内容が報告されていたことは紛れもない事実だ。

英語リテラシーをもつインテリが動員された、占領期の検閲集団は、占領史から忘れ去られ、彼ら彼女らの活動や成果も、同時代を象徴するスティグマとなっている。戦争、そして敗戦を抜きにしては、検閲官は論じられない。

若きエリート候補たちは、学徒出陣によって、敗戦者、捕虜、復員者、中途退学者にされた。学徒よりも1世代上の人々も、同様の苦痛に加えて、戦後のエリートたるべき職場や家庭を奪われた。安定した老後を送ろうとしていたシニア世代は、引き揚げによる家屋敷や財貨の放棄や、戦災による消失、天文学的インフレによる資産の価値喪失により、再び求職行動に駆り立てられるはめになった。女性は結婚難や恋人・伴侶の死亡で、生活の場を探さねばならなくなった。

こうしたスティグマ集団を狙って、GHQは占領地統治の人材を求めた。彼ら彼女らの食糧難や住宅難を見越して、検閲官の地位と給与を供給した。こうして得た職種もスティグマが色濃く漂っていた。旧敵国のために、同胞の秘密を暴く仕事にこっそりと就かざるをえなかったからだ。日本の民主化への必要悪として、自らの職務と運命を納得するしか精神的な安定が得られなかった。

彼らが心ならずも勤めた期間は長くて4年強であったが、その労働を通じ、日本人としてのプライドを損なったことは否めないだろう。

その成果ともいえるのがメリーランド大学に所蔵されている新聞、雑誌、書籍のコレクションであるが、いずれも検閲されたものである。そしてそれは、究極的には敗戦国からの戦利品としてGHQに奪われたものである。成果物そのものがスティグマをもっているから、やりきれないのである。

いつの日かそれらが、日本国内へ戻され、適切に管理、活用される日が来ることを切に願っている。

山本武利

2021年1月

※本稿は科研費（課題番号16K04110、24530671）を得て実施した研究成果の一部である。

本文中敬称略

山本武利　1940（昭和15）年、愛媛県生まれ。ＮＰＯ法人インテリジェンス研究所理事長。一橋大学・早稲田大学名誉教授。一橋大学大学院博士課程修了。『GHQの検閲・諜報・宣伝工作』等著書多数。

Ⓢ新潮新書

894

検閲官《けんえつかん》

発見《はっけん》されたGHQ名簿《めいぼ》

著者　山本武利《やまもとたけとし》

2021年2月20日　発行

発行者　佐藤隆信

発行所　株式会社新潮社

〒162-8711　東京都新宿区矢来町71番地
編集部(03)3266-5430　読者係(03)3266-5111
https://www.shinchosha.co.jp

印刷所　錦明印刷株式会社

製本所　錦明印刷株式会社

ISBN978-4-10-610894-5　C0221

価格はカバーに表示してあります。

新潮新書

782
原爆　私たちは何も知らなかった
有馬哲夫

原爆は、アメリカ、イギリス、カナダの共同開発だ。しかも使う必要がなかったにもかかわらず、大統領らの野望のために使われたのだ。膨大な公文書をもとに示す、驚愕の真実。

788
決定版　日中戦争
波多野澄雄　戸部良一　松元崇　庄司潤一郎　川島真

誰も長期化を予想せず「なんとなく」始まった戦争が、なぜ「ずるずると」日本を泥沼に引き込んでしまったのか——。現代最高の歴史家たちが最新の知見に基づいて記した決定版。

857
昭和史の本質
良心と偽善のあいだ
保阪正康

ファシズム、敗戦、戦後民主主義……昭和はいったい何を間違えたのか。近現代の名文を手掛かりに多彩な史実をひもとき、過去から未来へと連鎖する歴史の本質を探りだす。